# HET ULTIEME OCHTEND KUUR KOOKBOEK

100 muffins, broodjes, koekjes, ontbijtbroodjes en meer

Floortje Bakker

Auteursrechtelijk materiaal ©2024

Alle rechten voorbehouden

Geen enkel deel van dit boek mag in welke vorm of op welke manier dan ook worden gebruikt of overgedragen zonder de juiste schriftelijke toestemming van de uitgever en eigenaar van het auteursrecht, met uitzondering van korte citaten die in een recensie worden gebruikt. Dit boek mag niet worden beschouwd als vervanging voor medisch, juridisch of ander professioneel advies.

# INHOUDSOPGAVE

INHOUDSOPGAVE ........................................................................... 3
INVOERING .................................................................................. 6
MUFFINS....................................................................................... 8
   1. Morning Glory-muffins............................................................ 9
   2. Pecantaartmuffins ................................................................11
   3. Rode bessenmuffins .............................................................13
   4. Sinaasappel-bessenmuffins ...................................................15
   5. Bran-muffins .......................................................................17
   6. Appel-roomkaasmuffins .........................................................19
   7. Wortel-bessenmuffins ...........................................................22
   8. Lunchbox Spinazie Muffins ....................................................25
   9. Mini Bosbessenmuffins met Streusel ......................................27
   10. Limoncello-muffins .............................................................29
   11. Mokka-muffins ..................................................................31
   12. Bosbessenmok Muffin .......................................................33
   13. Banaan Moer Mok Muffin ..................................................35
   14. Frambozen-amandel mok muffin ........................................37
   15. Marshmallow - muffinwolkjes .............................................39
   16. Dalgona-muffins ................................................................41
   17. Minimuffins met bosbessen-avocado ...................................43
   18. Lunchbox Mini Eiermuffins .................................................45
   19. Oreo-muffins ....................................................................47
   20. Haverbessen-yoghurtmuffins .............................................49
   21. In Prosciutto Verpakte Mini Frittata Muffins.........................51
BROODJES ................................................................................ 53
   22. Oranje koffiebroodjes........................................................54
   23. Roze limonade kaneelbroodjes...........................................57
   24. Chocolade Oreo Kaneelbroodjes ........................................59
   25. Roodfluwelen kaneelbroodjes.............................................62
   26. Overnight karamel-pecannotenbroodjes..............................65
   27. Aardappel-kaneelbroodjes .................................................67
   28. Slagroom Pecan Kaneelbroodjes ........................................70
   29. Kaneelbroodjes met appelmoes ..........................................72
   30. Oranje kaneelbroodjes.......................................................75
BISCUIT .................................................................................... 77
   31. Zoete Aardappelkoekjes....................................................78
   32. Karnemelkkoekjes .............................................................80
   33. Pepperoni en Cheddar ontbijtkoekjes .................................82
   34. Vlierbloesem smeltmomenten ............................................84
   35. Landhamkoekjes ...............................................................86

36. Worstjus en koekjes ............................................................. 88
## ONTBIJTBROOD ............................................................. 90
37. Chai-gekruid bananenbrood ............................................. 91
38. Pumpkin Spice Bananenbrood ........................................ 94
39. Kaneel Swirl Bananenbrood ............................................ 97
40. Açaí-bananenbrood ...................................................... 100
41. Rozijnen Zoet Brood ..................................................... 102
42. Geglazuurd drievoudig bessen-bananenbrood ............... 105
43. Bananenbrood met bosbessen ..................................... 108
44. Tropisch bananenbrood ................................................ 110
45. Mango-bananenbrood .................................................. 113
46. Bananenbrood uit het Zwarte Woud ............................. 116
47. Amaretto-kokosbrood .................................................. 119
48. Bietennotenbrood ........................................................ 121
## ONTBIJTBROODJES .................................................... 123
49. Mini Caprese-sandwiches ............................................ 124
50. Mini-kipsaladesandwiches ........................................... 126
51. Mini-kalkoen- en cranberrysandwiches ....................... 128
52. Mini Ham- en Kaasschuivers ....................................... 130
53. Mini Veggie Club-sandwiches ...................................... 132
54. Mini-komkommer- en roomkaassandwiches ............... 134
55. Mini sandwiches met gerookte zalm en dille ................ 136
56. Mini-eiersaladebroodjes .............................................. 138
57. Minibroodjes met rosbief en mierikswortel ................. 140
58. Mini-sandwiches met waterkers en radijs ................... 142
## SCONEN ..................................................................... 144
59. Mimosa-scones ........................................................... 145
60. Verjaardagstaart-scones ............................................. 147
61. Cappuccino-scones ..................................................... 150
62. Gember- en bessenscones .......................................... 153
63. Kaneel-walnoot-scones ............................................... 155
64. Limoncello-scones ...................................................... 158
65. Koffiescones met kaneel ............................................. 160
66. Kokos- en ananasscones ............................................. 162
67. Pompoen Cranberry Scones ....................................... 165
68. Roze limonadescones .................................................. 167
69. Boterachtige scones .................................................... 169
70. Passievruchten scones ................................................ 171
71. Munt scones ................................................................ 173
72. Amaretto-kersenscones .............................................. 175
73. Toblerone-scones ....................................................... 177
74. Yuzu-scones ................................................................ 179
75. Pistache scones .......................................................... 181

| | |
|---|---|
| 76. Havermout kaneel scones | 183 |
| 77. Margarita Scones | 186 |
| 78. Kokosmeel scones met suikerglazuur | 188 |
| 79. Gember- en bessenscones | 191 |

## MINIATUUR TAARTJES ................................................................ 193

| | |
|---|---|
| 80. Kersenkoffiecake | 194 |
| 81. Mini-Victoriaanse biscuitgebak | 196 |
| 82. Mini-citroencake | 198 |
| 83. Mini-chocolade-éclairs | 200 |
| 84. Mini koffie-walnotencake | 202 |
| 85. Mini- afternoon tea-cakes | 204 |
| 86. Mini Worteltaart Hapjes | 207 |
| 87. Mini Red Velvet-cakejes | 209 |

## CROISSANTEN ................................................................................ 211

| | |
|---|---|
| 88. Brood- en botercroissants met Toblerone | 212 |
| 89. Toblerone-croissants | 214 |
| 90. Nutella en bananencroissants | 216 |
| 91. S'mores Croissants | 218 |
| 92. Ontbijtcroissantsandwiches | 221 |
| 93. Klassieke spek-, ei- en kaascroissant | 223 |
| 94. Sinaasappel, amandelcroissant kleverige broodjes | 225 |
| 95. Pistache Croissants | 227 |
| 96. Hazelnoot-chocoladecroissants | 229 |
| 97. Frambozencroissants | 231 |
| 98. Perzikcroissants | 233 |
| 99. Met chocolade bedekte aardbeiencroissants | 235 |
| 100. Peperkoekcroissants | 237 |

## CONCLUSIE ..................................................................................... 239

# INVOERING

Stel je voor dat je wakker wordt met de geur van versgebakken lekkernijen die door de lucht zweven en je verleiden om je dag heerlijk te beginnen. De ultieme ochtendtraktaties omvatten een groot aantal lekkernijen, variërend van donzige muffins en schilferige broodjes tot boterachtige koekjes en stevige ontbijtbroodjes, elk met een vleugje smaak en comfort die de perfecte toon zetten voor de komende dag.

Muffins, met hun zachte textuur en eindeloze smaakmogelijkheden, zijn typische ochtendverwennerijen. Of je nu de voorkeur geeft aan klassieke bosbessen, decadente chocoladestukjes of hartige spinazie en feta, er is een muffin voor elke smaakpapillen. Deze draagbare lekkernijen zijn niet alleen handig voor drukke ochtenden, maar kunnen ook worden aangepast aan dieetvoorkeuren, zoals glutenvrije of veganistische opties.

Broodjes, of het nu kaneel, sinaasappel of plakkerige pecannoten zijn, verheffen de ochtenderaring met hun zachte kruimels en kleverige vullingen. Een hap in een warm, versgebakken broodje onthult lagen van zoetheid en warmte, waardoor het onmogelijk is om de weerstand voor seconden te weerstaan. Of je het nu eet naast een dampende kop koffie of als middelpunt van een ontspannen brunch, broodjes voegen een vleugje verwennerij toe aan elke ochtendroutine.

Koekjes zijn, met hun schilferige lagen en boterachtige rijkdom, een geliefd hoofdbestanddeel van zowel de Zuiderse keuken als de ochtendmenu's. Of het nu gepaard gaat met hartige worstjus, besprenkeld met honing of gevuld met kaas en kruiden, koekjes bieden een heerlijke combinatie van comfort en voldoening die de smaakpapillen doet verlangen naar meer. De eenvoud van de ingrediënten logenstraft de complexiteit van de smaken, waardoor koekjes een tijdloze favoriet zijn voor ontbijtliefhebbers.

Ontbijtbroodjes, zoals bananenbrood, courgettebrood en pompoenbrood, bieden een gezond begin van de dag dankzij hun vochtige textuur en natuurlijke zoetheid. Deze broden, boordevol fruit, groenten en noten, zijn niet alleen heerlijk, maar ook voedzaam en bieden een bron van energie en voldoening die tot ver na de ochtenduren aanhoudt. Of je het nu puur eet of geroosterd met een klodder boter, ontbijtbroodjes zijn een heerlijke manier om gezonde ingrediënten in je ochtendroutine op te nemen.

Naast deze klassiekers is de wereld van ochtendtraktaties enorm en gevarieerd, en omvat alles van scones en koffiekoeken tot croissants en Deens gebak. Elke lekkernij biedt zijn eigen unieke allure, of het nu gaat om de schilferigheid van een croissant, de kruimelige topping van een koffiecake of de subtiele zoetheid van een scone. Met eindeloze mogelijkheden om te ontdekken, beloven de ultieme ochtendtraktaties te verrassen en te inspireren, waarbij het gewone in het buitengewone wordt getransformeerd met elke verrukkelijke hap.

# MUFFINS

# 1. Morning Glory-muffins

**INGREDIËNTEN:**
- 2 kopjes All-purpose Flour
- 1¼ kopje suiker
- 2 theelepels zuiveringszout
- 2 theelepels kaneel
- ½ theelepel zout
- 2 kopjes wortels, geschild en geraspt
- ½ kopje rozijnen
- ½ kopje gehakte pecannoten
- 3 eieren, losgeklopt
- 1 kopje olie
- 1 appel, geschild, klokhuis verwijderd en in stukjes gesneden
- 2 theelepels vanille-extract

**INSTRUCTIES:**
a) Meng bloem, suiker, zuiveringszout, kaneel en zout in een grote kom.
b) Roer de wortels, rozijnen en pecannoten erdoor. Meng eieren, olie, appel en vanille in een aparte kom.
c) Voeg het eimengsel toe aan het bloemmengsel; roer tot het net gemengd is. Schep in ingevette of met papier beklede muffinvormpjes en vul ze voor ¾ vol.
d) Bak op 350 graden gedurende 15 tot 18 minuten, tot ze goudbruin zijn.

## 2. Pecantaartmuffins

**INGREDIËNTEN:**
- 1 kop lichtbruine suiker, verpakt
- ½ kopje bloem voor alle doeleinden
- 2 eieren, losgeklopt
- ⅔ kopjes boter, gesmolten
- 1 kopje gehakte pecannoten
- Optioneel: pecannotenhelften

**INSTRUCTIES:**
a) Roer in een kom alle ingrediënten behalve de pecannoothelften door elkaar. Vul ingevette mini-muffincups ⅔ vol.
b) Bestrijk elk met een pecannotenhelft, indien gebruikt.
c) Bak op 350 graden gedurende 12 tot 15 minuten, tot ze goudbruin zijn.

# 3. Rode bessenmuffins

**INGREDIËNTEN:**
- 1 kopje suiker
- 2 kopjes rode bessen
- 1 ½ kopje bloem voor alle doeleinden
- ½ kopje volkorenmeel
- 1 eetlepel bakpoeder
- ½ kopje melk
- 1 ½ theelepel vanille-extract
- ½ kopje boter, gesmolten
- 2 biologische eieren, groot formaat
- ½ theelepel zout

**OPTIONELE INGREDIËNTEN**
- Grove suiker om te bestrooien
- ¼ kopje geschaafde amandelen

**INSTRUCTIES:**

a) Bekleed muffinvormpjes met de voeringen en verwarm uw oven van tevoren voor op 375 F.

b) Klop vervolgens de bloem met bakpoeder, suiker en zout in een middelgrote tot grote mengkom tot alles goed gemengd is, zet het mengsel opzij.

c) Klop de melk met de gesmolten boter, het extract en de eieren in een kleine maatbeker of kom. Giet dit mengsel op de droge ingrediënten en blijf de ingrediënten mengen tot ze net gemengd zijn. Vouw de krenten erdoor, houd een half kopje krenten opzij om er bovenop te doen.

d) Vul elke muffinbeker ongeveer ¾ vol met het voorbereide beslag en garneer elke beker met de apart gehouden krenten en suiker of amandelen. Zorg ervoor dat u de kopjes niet te vol doet. Bak in de voorverwarmde oven tot hij goudbruin is en een tandenstoker er schoon uitkomt, gedurende 25 tot 30 minuten.

# 4.Sinaasappel-bessenmuffins

## INGREDIËNTEN:

- 2 ¼ kopjes bloem voor alle doeleinden
- ¼ kopje sinaasappelsapconcentraat, bevroren en ontdooid
- 2 theelepels sinaasappelschil, geraspt
- ¾ kopje melk
- 1 lichtgeklopt ei, groot formaat
- ½ kopje suiker
- 3 theelepels bakpoeder
- ¼ kopje rozijnen of krenten
- 1 theelepel sinaasappelschil, geraspt
- 1/3 kopje plantaardige olie
- 3 eetlepels suiker
- ¼ theelepel zout

## INSTRUCTIES:

a) Bekleed een muffinvorm van standaardformaat met muffinvormpjes en verwarm vervolgens uw oven voor op 400 F.
b) Klop de melk met het sapconcentraat, de olie, het ei en 2 theelepels sinaasappelschil in een grote mengkom tot het goed gemengd is. Als je klaar bent, roer je de bloem erdoor, gevolgd door een half kopje suiker, bakpoeder en zout tot de bloem net bevochtigd is. Voeg dan de krenten of rozijnen toe.
c) Verdeel het voorbereide beslag gelijkmatig over de muffinbekers. Meng 1 theelepel sinaasappelschil en 3 eetlepels suiker en strooi dit over het beslag in de kopjes.
d) Bak tot ze licht goudbruin zijn, gedurende 20 tot 25 minuten. Haal onmiddellijk uit de pan. Serveer onmiddellijk en geniet ervan.

## 5.Bran-muffins

## INGREDIËNTEN:
- 2 kopjes zemelengraanvlokken of 1 ¼ kopje ontbijtgranen
- ½ theelepel vanille
- 1 ¼ kopje bloem voor alle doeleinden
- ½ kopje bruine suiker, verpakt
- 3 theelepels bakpoeder
- 1 biologisch ei, groot formaat
- ¼ theelepel gemalen kaneel
- ¼ kopje plantaardige olie
- 1 1/3 kopjes melk
- ¼ theelepel zout

## INSTRUCTIES:
a) Vul elk muffinvormpje met een papieren bakvorm en verwarm vervolgens uw oven van tevoren voor op 400 F.
b) Rol de ontbijtgranen vervolgens met een deegroller in een grote, hersluitbare plastic zak en vermaal de ontbijtgranen tot fijne kruimels.
c) Roer de gemalen ontbijtgranen met melk, vanille en rozijnen in een middelgrote mengkom tot alles goed gemengd is. Laat het een paar minuten staan tot de ontbijtgranen zacht zijn geworden. Klop het ei en de olie erdoor met een vork.
d) Roer de bloem met bakpoeder, bruine suiker, kaneel en zout in een aparte middelgrote mengkom tot het goed gemengd is. Roer het bereide bloemmengsel door het graanmengsel totdat de bloem net bevochtigd is. Verdeel de voorbereide kopjes gelijkmatig met het beslag.
e) Bak tot een tandenstoker er schoon uitkomt, gedurende 20 tot 25 minuten. Als je klaar bent, laat je het 5 minuten in de pan afkoelen, doe het op een koelrek en laat het volledig afkoelen. Serveer onmiddellijk en geniet ervan.

# 6. Appel-roomkaasmuffins

**INGREDIËNTEN:**
**VOOR STREUSEL**
- 3 eetlepels bruine suiker, verpakt
- 1 eetlepel margarine of boter, verzacht
- 2 eetlepels bloem voor alle doeleinden

**VOOR MUFFINS**
- 1/3 kop roomkaas
- 1 appel, groot, geschild en in stukjes gesneden
- ¾ kopje bruine suiker, verpakt
- ½ theelepel zout
- 1 ¾ kopjes bloem voor alle doeleinden
- ¼ kopje appelmoes
- 1 theelepel bakpoeder
- ½ theelepel gemalen kaneel
- 2 losgeklopte eieren, groot formaat
- 2/3 kopje olie
- 1 theelepel vanille

**INSTRUCTIES:**

a) Bekleed 15 muffinbekers met papieren bakvormpjes en verwarm vervolgens uw oven van tevoren voor op 350 F. Bewaar ongeveer 1 eetlepel bruine suiker in muffins voor het vullen.

b) Combineer vervolgens de overgebleven bruine suiker met 1 ¾ kopje bloem, bakpoeder, kaneel en zout met behulp van een elektrische mixer in een grote kom tot alles goed gemengd is, op lage snelheid. Bewaar 1 eetlepel losgeklopt ei voor de vulling. Voeg appelmoes, olie, overgebleven ei en vanille toe aan het bloemmengsel. Blijf de ingrediënten kloppen tot ze goed gemengd zijn, op gemiddelde snelheid. Als je klaar bent, roer je de appel erdoor met een lepel.

c) Meng nu de roomkaas met de apart gehouden bruine suiker en het achtergehouden ei in een kleine mengkom. Vul elke muffinvormpjes voor ongeveer 2/3e met het voorbereide beslag. Bestrijk elk met 1 theelepel roomkaasmengsel en vervolgens met een lepel van het overgebleven beslag. Combineer alle ingrediënten voor de streusel in een kleine mengkom en strooi dit over het beslag.

d) Bak in de voorverwarmde oven tot een tandenstoker er schoon uitkomt, gedurende 22 tot 26 minuten. Haal uit de pan en laat 8 tot 10 minuten iets afkoelen.

## 7.Wortel-bessenmuffins

**INGREDIËNTEN:**
- 1/3 kopje verpakte bruine suiker
- ¼ kopje gewone Griekse yoghurt
- 1 kop ouderwetse gerolde haver
- ½ theelepel zuiveringszout
- 1 eetlepel azijn
- ¼ theelepel piment
- 1 kopje bloem voor alle doeleinden
- ¼ kopje volkoren meel of wit volkoren meel
- 1 theelepel bakpoeder
- ¾ kopje zuivelvrije melk of normale melk
- 1 theelepel gemalen kaneel
- 1/8 theelepel gemalen nootmuskaat
- ¼ kopje ongezoete appelmoes
- 1 biologisch ei, groot
- ¼ theelepel vanille
- 1/3 kopje krenten
- 1 kop wortelen, versnipperd of geraspt
- ½ kopje bakwalnoten, gehakt
- ¼ kopje boter, gesmolten en licht gekoeld
- ¼ theelepel zout

**INSTRUCTIES:**
a) Combineer de haver met melk, yoghurt en azijn in een grote mengkom, roer de ingrediënten goed door en laat een uur staan tot de haver zacht wordt.
b) Bestrijk vervolgens een muffinpan met antiaanbaklaag lichtjes met boter en verwarm vervolgens uw oven van tevoren voor op 375 F.
c) Combineer de bloem met piment, bakpoeder, nootmuskaat, zuiveringszout, kaneel en zout in een aparte middelgrote mengkom.
d) Roer het ei met vanille, appelmoes, bruine suiker, boter, krenten en wortels in de kom met het havermengsel en blijf de ingrediënten mengen met een vork tot ze goed zijn opgenomen.
e) Klop de droge ingrediënten door elkaar en zeef het bereide bloemmengsel langzaam door het wortelmengsel met behulp van

een zeef of zeef. Eenmaal klaar, roer de ingrediënten goed door met een vork tot ze net gemengd zijn.
f) Als je klaar bent, vouw je meteen de walnoten erdoor.
g) Vul de voorbereide muffinvorm ongeveer ¾ vol met het voorbereide beslag.
h) Bak in de voorverwarmde oven tot een tandenstoker er schoon uitkomt, gedurende 15 tot 20 minuten. Zet opzij op een rooster om volledig af te koelen. Serveer en geniet.

# 8.Lunchbox Spinazie Muffins

## INGREDIËNTEN:
- 2 kopjes All-purpose Flour
- 1 eetlepel bakpoeder
- ½ theelepel zout
- ½ theelepel knoflookpoeder
- ¼ theelepel zwarte peper
- 2 kopjes verse spinazie, gehakt
- 1 kopje melk
- ¼ kopje ongezouten boter, gesmolten
- 2 eieren
- 1 kopje geraspte cheddarkaas

## INSTRUCTIES:
a) Verwarm uw oven voor op 190°C en bekleed een muffinvorm met papieren bakvormen of vet deze in.
b) Meng in een grote kom de bloem, bakpoeder, zout, knoflookpoeder en zwarte peper.
c) Meng de gehakte spinazie, melk, gesmolten boter en eieren in een blender of keukenmachine tot een gladde massa.
d) Giet het spinaziemengsel in de kom met de droge ingrediënten en roer tot alles net gemengd is.
e) Roer de geraspte cheddarkaas erdoor.
f) Verdeel het beslag gelijkmatig over de muffinvormpjes.
g) Bak gedurende 15-18 minuten, of totdat een tandenstoker die je in het midden van de muffin steekt er schoon uitkomt.
h) Laat de muffins afkoelen voordat je ze in de lunchbox verpakt.

## 9. Mini Bosbessenmuffins met Streusel

## INGREDIËNTEN:
**VOOR MUFFINS:**
- ¾ theelepel xanthaangom
- 1 kopje bosbessen, vers
- ¾ theelepel zuiveringszout
- ½ kopje suiker
- 1 ½ kopje rijstmeelmix voor alle doeleinden, glutenvrij
- ½ theelepel glutenvrij bakpoeder
- 2 biologische eieren, groot
- ¼ kopje gesmolten kokosolie
- ½ theelepel gemalen kaneel
- 1 kopje amandelmelk
- ¼ theelepel zout

**VOOR STREUSEL:**
- 2 eetlepels rijstmeelmix voor alle doeleinden, glutenvrij
- ¼ kopje haver, glutenvrij
- 1 theelepel water
- ¼ kopje walnoten, gehakt
- 1 eetlepel kokosolie
- 1/3 kopje lichtbruine suiker

## INSTRUCTIES:
a) Smeer 24 mini-muffinbekers lichtjes in met de kookspray en verwarm vervolgens uw oven van tevoren voor op 350 F.
b) Combineer vervolgens alle ingrediënten voor de streusel in een middelgrote mengkom tot ze goed gemengd zijn, zet het mengsel opzij.
c) Combineer 1 ½ kopje bloemmengsel met bakpoeder, xanthaangom, zuiveringszout, kaneel en zout in een grote mengkom en klop goed met een garde. Voeg de overgebleven ingrediënten toe en spatel als laatste de verse bosbessen erdoor. Vul de muffinbekers gelijkmatig met het voorbereide beslag. Bestrijk elk kopje met een theelepel streusel.
d) Bak in de voorverwarmde oven tot een tandenstoker er schoon uitkomt, gedurende 20 tot 25 minuten. Breng over naar een rooster en laat 10 minuten afkoelen, serveer en geniet ervan.

# 10. Limoncello-muffins

**INGREDIËNTEN:**
- 2 kopjes All-purpose Flour
- ½ kopje suiker
- 1 eetlepel bakpoeder
- ¼ theelepel zout
- ½ kopje gesmolten boter
- ¾ kopje melk
- ¼ kopje Limoncello-likeur
- 2 grote eieren
- Schil van 2 citroenen

**INSTRUCTIES:**

a) Verwarm uw oven voor op 190°C (375°F) en bekleed een muffinvorm met papieren bakvormen.
b) Meng de bloem, suiker, bakpoeder en zout in een grote kom.
c) Klop in een andere kom de gesmolten boter, melk, limoncello, eieren en citroenschil samen.
d) Giet de natte ingrediënten bij de droge ingrediënten en roer tot ze net gemengd zijn.
e) Verdeel het beslag gelijkmatig over de muffinvormpjes en vul ze elk voor ongeveer ¾ vol.
f) Bak gedurende 18-20 minuten of tot een tandenstoker die in het midden wordt gestoken er schoon uitkomt.
g) Laat de muffins een paar minuten afkoelen in de pan en leg ze vervolgens op een rooster om volledig af te koelen.

# 11. Mokka-muffins

**INGREDIËNTEN:**
- 2 kopjes All-purpose Flour
- ¾ kopjes plus 1 eetlepels suiker
- 2½ theelepel bakpoeder
- 1 theelepel kaneel
- ½ theelepel zout
- 1 kopje melk
- 2 eetlepels plus ½ theelepel oploskoffiegranulaat, verdeeld
- ½ kopje boter, gesmolten
- 1 ei, losgeklopt
- 1½ theelepel vanille-extract, verdeeld
- 1 kopje mini halfzoete chocoladestukjes, verdeeld
- ½ kopje roomkaas, verzacht

**INSTRUCTIES:**
a) Meng de bloem, suiker, bakpoeder, kaneel en zout in een grote kom.
b) Roer in een aparte kom de melk en 2 eetlepels koffiegranulaat door elkaar tot de koffie is opgelost.
c) Voeg boter, ei en een theelepel vanille toe; Meng goed. Roer de droge ingrediënten erdoor tot ze net bevochtigd zijn. Vouw ¾ kopje chocoladestukjes erdoor.
d) Vul ingevette of met papier beklede muffinbekers ⅔ vol. Bak op 375 graden gedurende 17 tot 20 minuten. Laat het 5 minuten afkoelen voordat u het van de pannen naar roosters haalt.
e) Combineer roomkaas en de resterende koffiekorrels, vanille en chocoladestukjes in een keukenmachine of blender. Dek af en verwerk tot alles goed gemengd is.
f) Serveer een gekoelde spread apart.

## 12. Bosbessenmok Muffin

**INGREDIËNTEN:**
- 4 eetlepels bloem voor alle doeleinden
- 2 eetlepels kristalsuiker
- ⅛ theelepel bakpoeder
- Snufje zout
- 3 eetlepels melk
- 1 eetlepel plantaardige olie
- ¼ theelepel vanille-extract
- Handvol verse of bevroren bosbessen

**INSTRUCTIES:**
a) Meng in een magnetronbestendige mok het bloem voor alle doeleinden, de kristalsuiker, het bakpoeder en een snufje zout. Meng goed om te combineren.
b) Voeg de melk, plantaardige olie en vanille-extract toe aan de mok. Roer tot het beslag glad is en er geen klontjes meer achterblijven.
c) Vouw de verse of bevroren bosbessen voorzichtig door het beslag en verdeel ze gelijkmatig.
d) Plaats de mok in de magnetron en kook op hoog vermogen gedurende ongeveer 1-2 minuten, of totdat de muffin is gerezen en in het midden is gestold. De exacte kooktijd kan variëren afhankelijk van het wattage van je magnetron, houd deze dus goed in de gaten.
e) Haal de mok voorzichtig uit de magnetron (deze kan heet zijn) en laat de muffin een minuut of twee afkoelen voordat je ervan geniet.
f) Je kunt de muffin direct uit de mok eten of met een lepel overbrengen op een bord of kom.
g) Optioneel kun je de bovenkant van de muffin bestrooien met poedersuiker of besprenkelen met een glazuur van poedersuiker en een beetje melk voor extra zoetheid.
h) Geniet meteen van je zelfgemaakte Bosbessenmuffin, nu hij nog warm en heerlijk is!

## 13. Banaan Moer Mok Muffin

**INGREDIËNTEN:**
- 4 eetlepels bloem voor alle doeleinden
- 2 eetlepels kristalsuiker
- ¼ theelepel bakpoeder
- Snufje zout
- ½ rijpe banaan, gepureerd
- 2 eetlepels melk
- 1 eetlepel plantaardige olie
- 1 eetlepel gehakte walnoten (optioneel)

**INSTRUCTIES:**

a) Meng de bloem, suiker, bakpoeder en zout in een magnetronbestendige mok.

b) Voeg de geprakte banaan, melk en plantaardige olie toe en roer tot alles goed gemengd is. Vouw de gehakte walnoten erdoor.

c) Magnetron op hoog vermogen gedurende 1-2 minuten of tot de muffin gaar is.

## 14. Frambozen-amandel mok muffin

**INGREDIËNTEN:**
- 4 eetlepels bloem voor alle doeleinden
- 2 eetlepels kristalsuiker
- ¼ theelepel bakpoeder
- Snufje zout
- 2 eetlepels melk
- 1 eetlepel plantaardige olie
- ¼ theelepel amandelextract
- Handvol verse of bevroren frambozen
- Gesneden amandelen voor de topping

**INSTRUCTIES:**
a) Meng de bloem, suiker, bakpoeder en zout in een magnetronbestendige mok.
b) Voeg de melk, plantaardige olie en amandelextract toe en roer tot alles goed gemengd is.
c) Spatel de frambozen er voorzichtig door. Magnetron op hoog vermogen gedurende 1-2 minuten of tot de muffin gaar is.
d) Bestrooi met gesneden amandelen.

## 15. Marshmallow - muffinwolkjes

**INGREDIËNTEN:**
- 1 buis halvemaanrollen
- 8 marshmellows
- 3 eetlepels boter, gesmolten
- 3 eetlepels suiker
- 1 theelepel kaneel

**INSTRUCTIES:**
a) Verwarm de oven voor op 375 graden F. Vet 8 muffinvormpjes in.
b) Smelt de boter in een kleine kom.
c) Meng in een andere kleine kom kaneel en suiker.
d) Rol marshmallow in gesmolten boter; Rol het vervolgens door een kaneel-suikermengsel. Wikkel het in een halvemaanvormige driehoekige rol en zorg ervoor dat het goed afsluit.
e) Plaats ze in een voorbereide pan. Bak 8-10 minuten tot ze goudbruin zijn.

# 16. Dalgona-muffins

**INGREDIËNTEN:**
- 2 kopjes All-purpose Flour
- ½ kopje suiker
- 1 eetlepel bakpoeder
- ½ theelepel zout
- 1 kopje melk
- ½ kopje plantaardige olie
- 2 eieren
- 2 eetlepels oploskoffie
- 2 eetlepels heet water

**INSTRUCTIES:**
a) Verwarm de oven voor op 190°C (375°F) en bekleed een muffinvorm met papieren bakvormen.
b) Meng bloem, suiker, bakpoeder en zout in een mengkom.
c) Klop in een aparte kom melk, plantaardige olie en eieren samen.
d) Voeg geleidelijk de natte ingrediënten toe aan de droge ingrediënten, roer tot ze net gemengd zijn.
e) Klop in een kleine kom oploskoffie en heet water tot een schuimig mengsel.
f) Spatel het koffieschuim voorzichtig door het beslag.
g) Vul elke muffinvorm ongeveer ¾ vol met het beslag.
h) Bak gedurende 18-20 minuten of tot een tandenstoker die in het midden wordt gestoken er schoon uitkomt.
i) Laat de muffins afkoelen voordat je ze serveert.
j) Geniet van de heerlijke Dalgona muffins als ontbijttraktatie of tussendoortje!

## 17. Minimuffins met bosbessen-avocado

**INGREDIËNTEN:**
- 1 kopje bloem voor alle doeleinden
- ½ kopje haver
- ½ kopje suiker
- 1 ½ theelepel bakpoeder
- ¼ theelepel zout
- 1 rijpe avocado, gepureerd
- ½ kopje melk
- 1 groot ei
- 1 theelepel vanille-extract
- 1 kopje verse of bevroren bosbessen

**INSTRUCTIES:**
a) Verwarm uw oven voor op 190°C en bekleed een mini-muffinvorm met papieren bakvormen of vet deze in.
b) Meng in een grote kom de bloem, haver, suiker, bakpoeder en zout.
c) Meng in een aparte kom de gepureerde avocado, melk, ei en vanille-extract.
d) Voeg de natte ingrediënten toe aan de droge ingrediënten en roer tot alles net gemengd is.
e) Spatel de bosbessen er voorzichtig door.
f) Schep het beslag in de mini-muffinbekers en vul ze elk voor ongeveer driekwart vol.
g) Bak gedurende 12-15 minuten, of totdat een tandenstoker die je in het midden van de muffin steekt er schoon uitkomt.
h) Laat de mini-muffins afkoelen voordat je ze in de lunchbox verpakt.

# 18. Lunchbox Mini Eiermuffins

**INGREDIËNTEN:**
- 6 eieren
- ¼ kopje melk
- ½ kopje geraspte cheddarkaas
- ¼ kopje in blokjes gesneden groenten (paprika, spinazie, champignons, enz.)
- Zout en peper naar smaak

**INSTRUCTIES:**
a) Verwarm de oven voor op 175 °C en vet een mini-muffinvorm in.
b) Klop in een kom de eieren, melk, zout en peper door elkaar.
c) Roer de kaas en de in blokjes gesneden groenten erdoor.
d) Giet het mengsel in de voorbereide muffinvorm en vul elke kop voor ongeveer tweederde vol.
e) Bak gedurende 12-15 minuten of tot de muffins stevig en licht goudbruin zijn.
f) Laat ze afkoelen voordat je ze in de lunchbox verpakt.

# 19.Oreo-muffins

**INGREDIËNTEN:**
- 1¾ kopje Bloem voor alle doeleinden
- ½ kopje suiker
- 1 eetlepel bakpoeder
- ½ theelepel zout
- ¾ kopje melk
- ⅓ kopje Zure room
- 1 ei
- ¼ kopje margarine, gesmolten
- 20 Oreo chocoladesandwichkoekjes, grof

**INSTRUCTIES:**
a) Meng bloem, suiker, bakpoeder en zout in een middelgrote kom en zet opzij.
b) Meng in een kleine kom de melk, zure room en het ei en roer het bloemmengsel met margarine erdoor tot het net gemengd is.
c) Koekjes er voorzichtig door roeren.
d) Schep het beslag in 12 ingevette muffinvormpjes van 2½ inch.
e) Bak op 400F gedurende 20 tot 25 minuten.
f) Haal uit de pan en laat afkoelen op een rooster. Serveer warm of koud.

## 20.Haverbessen-yoghurtmuffins

**INGREDIËNTEN:**
- 2¼ kopjes havermeel
- 1 eetlepel bakpoeder
- ¾ theelepel zout
- ½ kopje droge zoetstof
- ⅔ kopje ongezoete plantaardige melk
- ½ kopje ongezoete appelmoes
- ½ kopje ongezoete sojayoghurt
- 2 theelepels puur vanille-extract
- 1¼ kopje bessen (zoals bosbessen, frambozen of bramen), gehalveerd

**INSTRUCTIES:**

a) Verwarm de oven voor op 350 ° F. Bekleed een muffinvorm met 12 kopjes met siliconen bakvormen of zet een muffinvorm met antiaanbaklaag of siliconen klaar (zie aanbevelingen).

b) Zeef de bloem, het bakpoeder, het zout en de droge zoetstof in een middelgrote mengkom. Maak een kuiltje in het midden en giet de plantaardige melk, appelmoes, yoghurt en vanille erin. Roer de natte ingrediënten in het kuiltje door elkaar. Meng vervolgens de natte en droge ingrediënten totdat de droge ingrediënten bevochtigd zijn (niet te lang mixen). Vouw de bessen erin.

c) Vul elke muffinbeker voor ¾ en bak 22 tot 26 minuten. Een mes dat door het midden wordt gestoken, moet er schoon uitkomen.

d) Laat de muffins ongeveer 20 minuten volledig afkoelen en ga dan voorzichtig met een mes langs de randen van elke muffin om ze te verwijderen.

# 21.In Prosciutto Verpakte Mini Frittata Muffins

**INGREDIËNTEN:**
- 4 eetlepels vet
- ½ middelgrote ui, fijngesneden
- 3 teentjes knoflook, fijngehakt
- ½ pond cremini-champignons, in dunne plakjes gesneden
- ½ pond bevroren spinazie, ontdooid en drooggeperst
- 8 grote eieren
- ¼ kopje kokosmelk
- 2 eetlepels kokosmeel
- 1 kopje kerstomaatjes, gehalveerd
- 5 ons Prosciutto di Parma
- Kosjer zout
- Versgemalen peper
- Een normaal muffinblikje voor 12 kopjes

**INSTRUCTIES:**
a) Verwarm de oven voor op 375 ° F.
b) Verhit de helft van de kokosolie op middelhoog vuur in een grote gietijzeren koekenpan en fruit de uien tot ze zacht en glazig zijn.
c) Voeg de knoflook en champignons toe en kook deze tot het vocht van de champignons is verdampt. Breng de vulling vervolgens op smaak met zout en peper en schep deze op een bord om af te koelen tot kamertemperatuur
d) Voor het beslag: Klop de eieren in een grote kom met kokosmelk, kokosmeel, zout en peper tot ze goed gemengd zijn. Voeg vervolgens de gebakken champignons en spinazie toe en roer om te combineren.
e) Bestrijk de muffinvorm met de rest van de gesmolten kokosolie en bekleed elk kopje met prosciutto. Zorg ervoor dat de bodem en zijkanten volledig bedekt zijn.
f) Zet de muffins ongeveer 20 minuten in de oven.

# BROODJES

## 22.Oranje koffiebroodjes

## INGREDIËNTEN:
- 1 envelop actieve droge gist
- ¼ kopje warm water
- 1 kopje suiker, verdeeld
- 2 eieren, losgeklopt
- ½ kopje zure room
- ¼ kopje plus 2 eetlepels boter, gesmolten en verdeeld
- 1 theelepel zout
- 2¾ tot 3 kopjes bloem voor alle doeleinden
- 1 kopje kokosnootvlokken, geroosterd en verdeeld
- 2 Eetlepels sinaasappelschil

## GLAZUUR:
- ¾ kopjes suiker
- ½ kopje zure room
- ¼ kopje boter
- 2 theelepels sinaasappelsap

## INSTRUCTIES:
a) Combineer gist en warm water (110 tot 115 graden) in een grote kom; laat 5 minuten staan. Voeg ¼ kopje suiker, eieren, zure room, ¼ kopje boter en zout toe; klop op gemiddelde snelheid met een elektrische mixer tot het gemengd is.

b) Roer geleidelijk voldoende bloem erdoor tot een zacht deeg. Leg het deeg op een goed met bloem bestoven oppervlak; kneed tot een gladde en elastische massa (ongeveer 5 minuten).

c) Doe het in een goed ingevette kom en draai het om tot een vetbovenkant. Dek af en laat op een warme plaats (85 graden), vrij van tocht, 1½ uur rijzen, of tot het volume verdubbeld is.

d) Sla het deeg plat en verdeel het in tweeën. Rol een portie deeg in een cirkel van 12 inch; bestrijk ze met een eetlepel gesmolten boter.

e) Combineer de resterende suiker, kokosnoot en sinaasappelschil; Strooi de helft van het kokosmengsel over het deeg. Snijd in 12 partjes; rol elke wig op, beginnend bij een breed uiteinde.

f) Plaats het in een ingevette bakvorm van 13 x 9 inch, met de punt naar beneden. Herhaal met het resterende mengsel van deeg, boter en kokosnoot.
g) Dek af en laat op een warme plaats, vrij van tocht, 45 minuten rijzen, of tot het volume verdubbeld is. Bak op 350 graden gedurende 25 tot 30 minuten, tot ze goudbruin zijn. (Dek indien nodig na 15 minuten af met aluminiumfolie om overmatig bruin worden te voorkomen.) Schep warm Glazuur over warme broodjes; bestrooi met de overgebleven kokosnoot.

**GLAZUUR:**
h) Combineer alle ingrediënten in een kleine pan; aan de kook brengen. Kook gedurende 3 minuten, af en toe roerend.
i) Laat iets afkoelen.

## 23. Roze limonade kaneelbroodjes

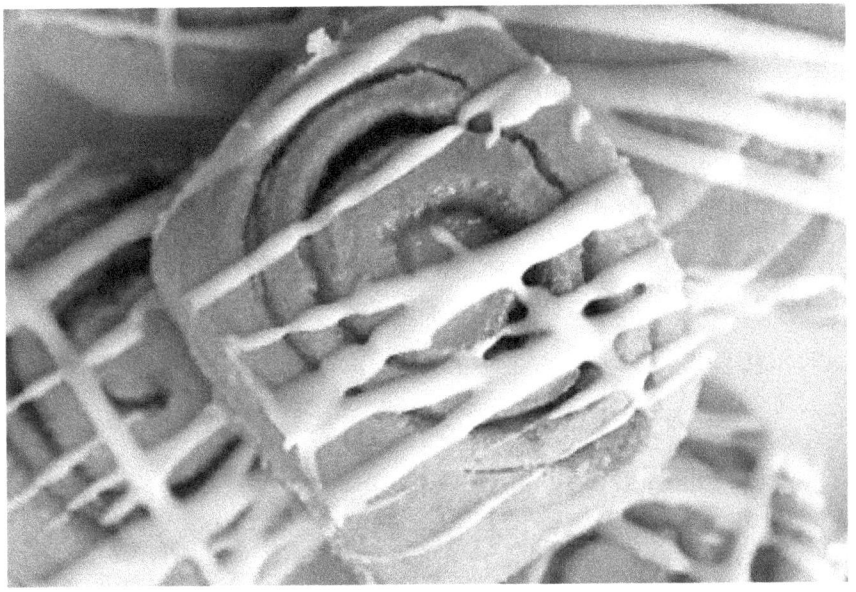

**INGREDIËNTEN:**
- 375 ml roze limonade
- 300 ml crème
- 4 kopjes zelfrijzend bakmeel
- 50 g boter gesmolten
- ¼ kopje suiker
- 1 theelepel gemalen kaneel
- ½ kopje gewone bloem om te coaten
- ½ citroen uitgeperst
- 2 kopjes poedersuiker

**INSTRUCTIES:**
a) Doe het zelfrijzend bakmeel in een grote kom, giet de room en de roze limonade erbij en meng tot alles gemengd is.
b) Ga op een met bloem bestoven tafel liggen.
c) Licht kneden en aandrukken of uitrollen tot een grote rechthoek van ongeveer 1 cm dik.
d) Bestrijk ze met gesmolten boter en bestrooi ze met suiker en kaneel.
e) Rol vanaf de rand naar het midden om twee boomstammen te maken. Snijd het midden door om twee boomstammen te maken.
f) Snij in rondjes van 1 cm.
g) Bak gedurende 10 minuten op 220C.
h) Meng de poedersuiker met citroensap. Druppel over de krullen.

## 24.Chocolade Oreo Kaneelbroodjes

**INGREDIËNTEN:**
**KANEELBROODJE DEEG**
- ¼ kopje warm water
- 2 eetlepels bruine suiker
- 2¼ theelepel instantgist
- 2 ¾ kopjes bloem voor alle doeleinden
- 2 eetlepels kristalsuiker
- ½ theelepel zout
- 3 eetlepels ongezouten boter, gesmolten
- ½ kopje melk naar keuze
- 1 groot ei

**OREO KANEELBROODJE CHOCOLADEVULLING**
- ¼ kopje cacaopoeder
- ⅔ kopje melk naar keuze
- 1 ½ kopje pure chocoladestukjes
- 3 eetlepels ongezouten boter
- 24 Oreo's, gemalen
- 1 snufje zeezout
- Roomkaas Glazuur

**INSTRUCTIES:**
**DEEG**
a) Klop in een kleine mengkom warm water, bruine suiker en gist samen.
b) Dek af met een schone theedoek en zet opzij om te activeren. Je weet dat je gist wordt geactiveerd als er kleine belletjes op het oppervlak van het mengsel verschijnen.
c) Roer in een aparte grote mengkom bloem, suiker, zout, boter, melk en ei door elkaar.
d) Zodra uw gist is geactiveerd, voegt u deze samen met de andere ingrediënten toe aan de grote mengkom en roert u tot alles samenkomt.
e) Bedek een schoon, vlak oppervlak met bloem en kneed het deeg gedurende 3 minuten met met bloem bedekte handen. Je deeg zal plakkerig zijn, blijf indien nodig bloem toevoegen aan je handen en het oppervlak.

f) Doe het deeg terug in de kom en dek het af met een schone theedoek, zodat het ongeveer tien minuten kan rijzen.

**VULLING**

g) Voeg in een grote, magnetronbestendige kom melk, cacaopoeder, stukjes pure chocolade en boter toe. Magnetron op de hoogste stand gedurende 1,5-2 minuten, tot de chocoladestukjes gesmolten zijn. Klop tot een gladde massa. Voeg een snufje zout toe.

h) Vermaal je Oreos in een keukenmachine tot het fijn stof is.

i) Zodra je deeg in omvang is verdubbeld, voeg je meer bloem toe aan je oppervlak en gebruik je een met bloem bestoven deegroller om het deeg uit te rollen in een rechthoekige vorm van ongeveer 23 x 30 cm.

j) Giet de Oreo-chocoladevulling op je deeg en gebruik een spatel om het gelijkmatig over het oppervlak te verdelen, waarbij je aan alle kanten een marge van ongeveer ½ inch laat. Strooi de gemalen Oreo's er in een dikke laag overheen.

k) Werk vanaf de kortere kant en gebruik twee handen om je deeg strak van je af te rollen totdat je een cilinder overhoudt van ongeveer 30 cm lang.

l) Snijd je cilinder in 6 gelijke delen, ongeveer 5 cm breed, om 6 individuele kaneelbroodjes te maken.

m) Voeg je kaneelbroodjes toe aan een vierkante ovenschaal van 35 cm, en laat ongeveer 2,5 cm tussen elke rol vrij.

n) Dek af met een schone theedoek en laat de broodjes ongeveer 90 minuten rusten, of tot ze in volume verdubbeld zijn.

o) Verwarm je oven voor op 375 ° F en bak 25-30 minuten tot de bovenkant van je broodjes goudbruin is.

p) Laat je Oreo-kaneelbroodjes ongeveer 10 minuten afkoelen voordat je het glazuur toevoegt. Genieten!

## 25. Roodfluwelen kaneelbroodjes

**INGREDIËNTEN:**
**VOOR DE KANEELBRIEFJES**
- 4½ theelepel droge gist
- 2-½ kopjes warm water
- 15,25 ounces doos Red Velvet cakemix
- 1 theelepel vanille-extract
- 1 theelepel zout
- 5 kopjes bloem voor alle doeleinden

**VOOR HET KANEELSUIKERMENGSEL**
- 2 kopjes verpakte bruine suiker
- 4 eetlepels gemalen kaneel
- ⅔ kopje boter verzacht

**VOOR HET ROOMKAASglazuur**
- 16 ons elk roomkaas, verzacht
- ½ kopje boter verzacht
- 2 kopjes poedersuiker
- 1 theelepel vanille-extract

**INSTRUCTIES:**
a) Meng de gist en het water in een grote mengkom tot het is opgelost.
b) Voeg het cakemengsel, vanille, zout en bloem toe. Meng goed - het deeg zal enigszins plakkerig zijn.
c) Dek de kom goed af met plasticfolie. Laat het deeg een uur rijzen. Druk het deeg plat en laat het nog eens 45 minuten rijzen.
d) Rol het deeg op een licht met bloem bestoven oppervlak uit tot een grote rechthoek van ongeveer ¼ inch dik. Verdeel de boter gelijkmatig over het deeg.
e) Meng de bruine suiker en kaneel in een middelgrote kom. Strooi het bruine suikermengsel over de boter.
f) Rol het op als een jellyroll, beginnend aan de lange zijde. Snijd in 24 gelijke stukken.
g) Vet twee bakvormen van 9x13 inch in. Verdeel de plakjes kaneelbroodje in de pannetjes. Dek af en laat op een warme plaats rijzen tot het in volume verdubbeld is.
h) Verwarm de oven voor op 350 ° F.
i) Bak gedurende 15-20 minuten of tot het gaar is.
j) Terwijl de kaneelbroodjes bakken, bereid je het roomkaasglazuur door de roomkaas en boter in een middelgrote mengkom romig te kloppen. Meng de vanille erdoor. Voeg geleidelijk de poedersuiker toe.

# 26. Overnight karamel-pecannotenbroodjes

**INGREDIËNTEN:**
- Pakketten van 23,4 ounce instant butterscotch-puddingmix
- 1 kop bruine suiker, verpakt
- 1 kopje gehakte pecannoten
- ½ kopje gekoelde boter
- 36 diepvriesbroodjes, verdeeld

**INSTRUCTIES:**
a) Combineer droge puddingmixen, bruine suiker en pecannoten in een kom. Snijd boter in; opzij zetten. Schik de helft van de bevroren broodjes in een licht ingevette Bundt-pan.
b) Strooi de helft van het puddingmengsel erover. Herhaal de laagjes met de resterende broodjes en het puddingmengsel. Bedek losjes; een nacht in de koelkast bewaren.
c) Bak een uur op 350 graden. Keer om op een serveerschaal.

## 27. Aardappel-kaneelbroodjes

**INGREDIËNTEN:**
- 1 pond aardappelen, gekookt en gepureerd
- 2 kopjes Melk
- 1 kopje boter
- 1 kopje Plus 2 theelepels suiker
- ¾ theelepel kardemomzaad
- 1 theelepel zout
- 2 pakken droge gist
- ½ kopje Warm water
- 8½ kopje bloem, ongezeefd
- 2 eieren
- 2 theelepels Vanille

**KANEELVULLING**
- ¾ kopje suiker
- ¾ kopje bruine suiker
- 2 theelepels Kaneel

**NUT GLAZUUR**
- 3 kopjes Poedersuiker
- ½ kopje Gehakte noten
- ¼ theelepel kaneel
- 2 theelepels Boter
- 4 tot 5 theelepels water

**INSTRUCTIES:**

a) Meng de aardappelen en de melk tot een gladde massa. Voeg ½ kopje boter, 1 kopje suiker en zout toe. Verwarm tot lauw.

b) Meng in een grote kom gist, water en de resterende 2 theelepels suiker. Laat staan tot het schuimt.

c) Voeg het aardappelmengsel, 4 kopjes bloem, eieren en vanille toe.

d) Slaan tot dat het glad is. Roer geleidelijk nog eens 3½ tot 4 kopjes bloem erdoor. Draai het deeg op een met bloem bestoven bord en kneed het gedurende 15 minuten tot het glad en elastisch is.

e) Voeg indien nodig meer bloem toe. Laat 1 ½ uur rijzen.

f) Sla neer, kniel om luchtbellen te verwijderen. Verdeling. Smelt de resterende boter. Rol elke portie deeg uit tot een rechthoek van 5x18. Bestrijk ze met 3 theelepels boter en bestrooi ze met de helft van de kaneelvulling.

g) Oprollen. Snijd in 12 stukken, 1 ½ "breed. Plaats ze in een pan van 9x13", bestrijk ze met boter en laat ze 35-40 minuten rijzen. Bak op 350 graden gedurende 30 minuten.

## 28.Slagroom Pecan Kaneelbroodjes

## INGREDIËNTEN:
- 1 kop Slagroom
- 1½ kopjes Bloem voor alle doeleinden
- 4 theelepels Bakpoeder
- ¾ theelepel zout
- 2 eetlepels Boter of margarine, gesmolten
- Kaneel en suiker
- ½ kopje Lichtbruine suiker
- ½ kopje pecannoten, gehakt
- 2 eetlepels Slagroom of verdampte melk

## INSTRUCTIES:
a) Klop de room in een middelgrote mengkom tot er zachte pieken ontstaan. Meng voorzichtig de bloem, het bakpoeder en het zout erdoor tot er een deeg ontstaat. Op een licht met bloem bestoven bord 10 tot 12 keer kneden. Rol uit tot een rechthoek van 1/4 "dik.

b) Verdeel de gesmolten boter over het hele oppervlak. Bestrooi met kaneel en suiker, de hoeveelheid die jij verkiest. Oprollen als een jelly roll: Begin aan het lange uiteinde. Snijd in segmenten van ¾ inch. Leg ze op een ingevette bakplaat en bak op 425F gedurende 10-15 minuten, of tot ze heel lichtbruin zijn.

c) Meng in een kleine kom de bruine suiker, pecannoten en 2 eetlepels slagroom tot alles goed gemengd is. Haal de broodjes uit de oven. Verdeel de topping over elke rol. Zet terug in de oven en bak tot de topping ongeveer 5 minuten begint te borrelen.

## 29. Kaneelbroodjes met appelmoes

**INGREDIËNTEN:**
- 1 ei
- 4 kopjes bloem voor alle doeleinden
- 1 pakje actieve droge gist
- ¾ kopje appelmoes
- ½ kopje magere melk
- 2 Eetlepels kristalsuiker
- 2 Eetlepels boter
- ½ theelepel zout

**VULLING:**
- ¼ kopje appelmoes
- ⅓ kopje kristalsuiker
- 2 theelepel gemalen kaneel
- 1 kopje banketbakkerssuiker
- ½ theelepel vanille-extract
- 1 Eetlepel magere melk

**INSTRUCTIES:**

a) Verwarm de oven voor op 375 graden F. Spuit twee ronde pannen van 8 of 9 inch met kookspray.

b) Meng in een grote mengkom 1½ c. bloem voor alle doeleinden en de gist. Meng in een kleine pan ¾ c. Mott's natuurlijke appelmoes, magere melk, 2 eetlepels suiker, boter en zout. Verhit op middelhoog vuur en roer tot het warm is op 120 graden F.

c) Leg het deeg op een licht met bloem bestoven oppervlak. Kneed er voldoende resterende bloem door, tot ¼ c., om een redelijk zacht deeg te maken dat glad en elastisch is.

d) Vorm het deeg tot een bal. Doe het deeg in een kom die licht is besproeid met kookspray

e) Pons het deeg plat en leg het op een licht met bloem bestoven oppervlak. Dek af en laat 10 minuten rusten. Rol het deeg op een licht met bloem bestoven oppervlak uit tot een vierkant van 12 inch. Verspreid ¼ c. Mott's natuurlijke appelmoes. Combineer ⅓ c. suiker en kaneel; strooi over het deeg.

f) Leg in elke pan 6 rollen met de snijkant naar beneden. Dek af en laat op een warme plaats rijzen tot het bijna verdubbeld is, ongeveer 30 minuten.
g) Bak gedurende 20 tot 25 minuten of tot ze goudbruin zijn. Koel gedurende 5 minuten. Keer om op een serveerschaal. Besprenkel met een mengsel van banketbakkerssuiker, vanille en magere melk. Serveer warm.

# 30.Oranje kaneelbroodjes

**INGREDIËNTEN:**
- 1 pond bevroren brooddeeg; ontdooid
- 3 eetlepels bloem
- 2 eetlepels suiker
- 1 theelepel kaneel
- ½ kopje Poedersuiker
- ½ theelepel Geraspte sinaasappelschil
- 3 theelepels sinaasappelsap
- Plantaardige oliespray

**INSTRUCTIES:**
a) Verwarm de oven voor op 375 °. Rol het ontdooide brooddeeg op een licht met bloem bestoven oppervlak uit tot een rechthoek van 12x8 ".
b) Spuit het deeg royaal in met plantaardige oliespray. Meng suiker met kaneel en strooi gelijkmatig over het deeg. Rol het deeg uit, te beginnen met het lange uiteinde.
c) Sluit de naad af en snijd het deeg in 12 stukken van elk 1 inch.
d) Spuit een ronde bakvorm van 9 inch lichtjes in met kookspray. Plaats de stukjes deeg in de pan en houd de naadzijde naar beneden richting de bodem van de pan.
e) Spuit de bovenkant in met wat kookspray; dek af en laat op een warme plaats rijzen tot het bijna verdubbeld is in omvang, ongeveer 30 minuten.
f) Bak de broodjes gedurende 20-25 minuten tot ze lichtbruin zijn. Iets afkoelen en uit de pan halen.
g) Terwijl de broodjes afkoelen, bereidt u het glazuur voor door de poedersuiker, de sinaasappelschil en het sap door elkaar te roeren.
h) Besprenkel de rol ermee en serveer warm.

# BISCUIT

## 31.Zoete Aardappelkoekjes

## INGREDIËNTEN:

- 2 kopjes zelfrijzend bakmeel
- 1 eetlepel kristalsuiker
- ½ theelepel wijnsteencrème
- ⅛ theelepel koosjer zout
- ½ kopje (1 stokje) koude ongezouten boter, versnipperd (met een kaasrasp), plus meer om de gekookte koekjes te beleggen
- ½ kopje zoete aardappelpuree
- ¾ kopje karnemelk, koud
- Plantaardige olie, om in te vetten

## INSTRUCTIES

a) Verwarm de oven voor op 400 graden F.
b) Meng de bloem, suiker, wijnsteenroom en zout in een grote mengkom of de kom van een keukenmixer. Zeef of klop de ingrediënten tot ze goed gemengd zijn. Voeg de boter en de zoete aardappelpuree toe en meng op gemiddelde snelheid, met behulp van een handmixer of staande mixer, gedurende ongeveer 2 minuten. Begin langzaam de karnemelk erbij te gieten met de mixer op gemiddelde snelheid. Meng tot het is opgenomen.
c) Zodra het deeg is gevormd, haalt u het uit de kom en maakt u het met een deegroller een beetje plat (zorg ervoor dat het ongeveer 2,5 cm dik is) op een licht met bloem bestoven oppervlak. Snijd het deeg in 10 of 12 stukken.
d) Vet een ovenschaal van 9 bij 13 inch licht in met olie en plaats de koekjes in de schaal, waarbij er een kleine ruimte tussen elk koekje overblijft. Zet de koekjes 10 minuten in de koelkast, zodat het deeg lekker koud wordt.
e) Haal het uit de koelkast en bak de koekjes gedurende 12 tot 15 minuten, of tot ze bruin beginnen te worden. Als je klaar bent, bestrijk je de koekjes met boter terwijl ze nog warm zijn. Serveer en geniet!

## 32. Karnemelkkoekjes

**INGREDIËNTEN:**
- 2 kopjes All-purpose Flour
- 2 theelepels bakpoeder
- 1/2 theelepel zuiveringszout
- 1/2 theelepel zout
- 1/2 kopje koude ongezouten boter, in blokjes
- 3/4 kop karnemelk
- 2 eetlepels gesmolten boter (om te bestrijken)

**INSTRUCTIES:**
a) Verwarm de oven voor op 230 °C. Bekleed een bakplaat met bakpapier.
b) Meng in een grote kom de bloem, het bakpoeder, het zuiveringszout en het zout.
c) Voeg de koude boterblokjes toe aan het bloemmengsel. Gebruik je vingers of een deegsnijder om de boter door de bloem te snijden totdat het mengsel op grove kruimels lijkt.
d) Maak een kuiltje in het midden van het mengsel en giet de karnemelk erin. Roer tot alles net gemengd is. Pas op dat je niet te veel mengt.
e) Leg het deeg op een licht met bloem bestoven oppervlak. Kneed het deeg een paar keer voorzichtig om het samen te voegen.
f) Rol het deeg uit tot een dikte van 1/2 inch. Gebruik een ronde koekjesvormer om koekjes uit te snijden en plaats ze op de voorbereide bakplaat.
g) Bestrijk de bovenkant van de koekjes met gesmolten boter.
h) Bak gedurende 10-12 minuten, of tot de koekjes goudbruin zijn.
i) Haal ze uit de oven en laat ze een paar minuten afkoelen voordat je ze serveert.

## 33.Pepperoni en Cheddar ontbijtkoekjes

## INGREDIËNTEN:
- 2 kopjes koekjesmix (gekocht of zelfgemaakt)
- ⅔ kopje melk
- ½ kopje in blokjes gesneden pepperoni
- ½ kopje geraspte cheddarkaas

## INSTRUCTIES:
a) Verwarm de oven voor volgens de koekjesmixinstructies.
b) Meng in een kom de koekjesmix, melk, in blokjes gesneden pepperoni en geraspte cheddarkaas.
c) Schep lepels deeg op een bakplaat.
d) Bak volgens de koekjesmixinstructies tot de koekjes goudbruin zijn.

## 34. Vlierbloesem smeltmomenten

## INGREDIËNTEN:
**VOOR DE KOEKJES:**
- 200 g zachte boter
- ¾ kopje poedersuiker
- ½ theelepel bakpoeder
- 1 kopje maïsmeel
- 1 kopje gewone bloem

**VOOR HET glazuur:**
- 2 theelepel zachte boter
- 1 theelepel vlierbloesemsiroop (Monin)
- 1 kopje poedersuiker

## INSTRUCTIES:
a) Verwarm je oven voor op 180°C.
b) Meng in een mengkom de zachte boter en de poedersuiker tot het mengsel bleek wordt.
c) Zeef de gewone bloem, maïsmeel en bakpoeder en meng deze droge ingrediënten door het romige boter-suikermengsel.
d) Rol het deeg in kleine balletjes en leg ze op een ingevette ovenschaal. Druk voorzichtig op elke bal met de tanden van een vork.
e) Bak de koekjes gedurende 15-20 minuten of tot ze licht goudbruin zijn.
f) Terwijl de koekjes bakken, maak je het glazuur klaar. Meng de zachte boter met de vlierbloesemsiroop. Zeef de poedersuiker en voeg deze toe aan het botersiroopmengsel. Voeg net genoeg kokend water toe om een gladde pasta te maken.
g) Zodra de koekjes gebakken en afgekoeld zijn, smeert u het glazuur op de helft ervan.
h) Leg op elk ijskoekje een ander koekje, zodat er een sandwich ontstaat.
i) Dit recept levert 12 heerlijke Vlierbloesem Smeltmomenten op. Genieten!

## 35. Landhamkoekjes

**INGREDIËNTEN:**
- 2 kopjes zelfrijzend bakmeel
- ½ kopje plus 3 eetlepels boter, verdeeld
- 1 kop gekookte ham, gemalen
- 1½ kopjes geraspte scherpe Cheddar-kaas
- ¾ kopjes plus 2 eetlepels karnemelk

**INSTRUCTIES:**
a) Voeg bloem toe aan een kom. Snijd ½ kopje boter in met een deegsnijder of vork tot het mengsel op grove kruimels lijkt. Ham en kaas erdoor roeren.
b) Voeg karnemelk toe; roer met een vork tot er een vochtig deeg ontstaat.
c) Laat het deeg vallen door theelepels op een licht ingevette bakplaat te stapelen.
d) Bak op 450 graden gedurende 10 tot 13 minuten, tot ze licht goudbruin zijn.
e) Smelt de resterende boter en bestrijk hete koekjes ermee.

## 36. Worstjus en koekjes

**INGREDIËNTEN:**
- ½ kopje bloem voor alle doeleinden
- 2 pond. gemalen varkensworst, bruin en uitgelekt
- 4 kopjes melk
- zout en peper naar smaak

**KOEKJES:**
- 4 kopjes zelfrijzend bakmeel
- 3 Eetlepels bakpoeder
- 2 Eetlepels suiker
- 7 eetlepels bakvet
- 2 kopjes karnemelk

**INSTRUCTIES:**

a) In een middelgrote pan op middelhoog vuur de bloem met de worst bestrooien en roeren tot de bloem is opgelost.

b) Roer geleidelijk de melk erdoor en kook op middelhoog vuur tot het dik en bruisend is. Breng op smaak met zout en peper; serveer met warme koekjes.

**KOEKJES:**

c) Zeef bloem, bakpoeder en suiker; inkorten.

d) Meng de karnemelk erdoor met een vork, tot het deeg vochtig is.

e) Vorm het deeg tot een bal en kneed het een paar keer op een licht met bloem bestoven oppervlak.

f) Rol uit tot een dikte van ¾ inch en snij uit met een koekjesvormer van 3 inch.

g) Leg de koekjes op een ingevette bakplaat.

h) Bak op 450 graden gedurende ongeveer 15 minuten of tot ze goudbruin zijn.

# ONTBIJTBROOD

## 37.Chai-gekruid bananenbrood

## INGREDIËNTEN:
- 1 stokje (½ kopje) ongezouten boter, zacht
- 1 kopje kristalsuiker
- 2 grote eieren, op kamertemperatuur
- 1½ kopjes bloem voor alle doeleinden, gemeten en geëgaliseerd met een mes
- 1 theelepel zuiveringszout
- ¾ theelepel gemalen kardemom
- ¾ theelepel kaneel
- ¼ theelepel gemalen gember
- ¼ theelepel piment
- ¾ theelepel zout
- 1 kop gepureerde zeer rijpe bananen (equivalent aan 2-3 bananen)
- ½ kopje zure room
- 1 theelepel vanille-extract
- ½ kopje gehakte walnoten (optioneel)

## INSTRUCTIES:
a) Verwarm uw oven voor op 175°C (350°F) en vet een broodvorm van 9 x 5 inch royaal in met antiaanbakspray.
b) Klop in een grote kom of gebruik een elektrische mixer met een paddle-opzetstuk de zachte boter en suiker samen tot het mengsel licht en luchtig wordt. Dit duurt ongeveer 2 minuten. Voeg de eieren één voor één toe en zorg ervoor dat ze na elke toevoeging goed zijn opgenomen. Vergeet niet om indien nodig de zijkanten van de kom schoon te schrapen.
c) Meng in een aparte middelgrote kom de bloem, bakpoeder, kardemom, kaneel, gember, piment en zout. Voeg dit droge mengsel toe aan het botermengsel en klop zachtjes tot het net gemengd is.
d) Voeg vervolgens de geprakte bananen, zure room en vanille-extract toe en meng op lage snelheid tot de ingrediënten volledig zijn geïntegreerd. Als je walnoten gebruikt, vouw ze dan voorzichtig door het beslag.
e) Giet het voorbereide beslag in de ingevette broodvorm. Bak in de voorverwarmde oven tot het brood diep goudbruin kleurt en een

caketester die in het midden wordt gestoken er schoon uitkomt. Dit duurt doorgaans ongeveer 60-70 minuten.

f) Laat het brood ongeveer 10 minuten in de pan rusten voordat u het naar een koelrek verplaatst om volledig af te koelen. Geniet voor de beste ervaring van dit bananenbrood terwijl het nog warm uit de oven komt, of rooster het voor een heerlijke traktatie.

g) Dit bananenbrood kan maximaal 3 maanden worden ingevroren. Zodra het volledig is afgekoeld, wikkelt u het stevig in aluminiumfolie, diepvriesfolie of plaatst u het in een diepvrieszak. Wanneer u er weer klaar voor bent om er weer van te genieten, kunt u het eenvoudig een nacht in de koelkast laten ontdooien voordat u het serveert.

## 38. Pumpkin Spice Bananenbrood

## INGREDIËNTEN:
### VOOR HET BROOD:
- 2 overrijpe bananen
- ¾ kopje kristalsuiker
- ½ kopje plantaardige olie
- 2 grote eieren
- ½ theelepel zout
- 1 theelepel vanille-extract
- 1 theelepel zuiveringszout
- 1 ½ theelepel pompoentaartkruiden
- 7 eetlepels zure melk
- 2 kopjes (248 g) bloem voor alle doeleinden

### VOOR HET GLAZUUR:
- 1 ¾ kopjes poedersuiker
- ¼ theelepel zout
- 1 theelepel pompoentaartkruiden
- 1 ½ theelepel vanille-extract
- 2-3 eetlepels zware slagroom

## INSTRUCTIES:
a) Verwarm uw oven voor op 175°C. Vet een broodvorm van 9x5 inch of 8x4 inch in met bakvet of boter en bestrijk deze met suiker. Om de pan met suiker te bestrijken, vett u eerst de pan in en voegt u vervolgens ongeveer 2 eetlepels suiker toe aan de pan.

b) Kantel de pan heen en weer totdat de bodem en zijkanten gelijkmatig bedekt zijn met suiker. Vervang geen kookspray door boter. Je kunt alleen kookspray gebruiken als je de suikerstap liever overslaat.

c) Pureer de bananen in een grote kom met een vork of aardappelstamper. Roer de plantaardige olie, kristalsuiker en eieren erdoor met een houten lepel of spatel. Zet het mengsel opzij.

d) Voeg de pompoentaartkruiden, het zout, het zuiveringszout en het vanille-extract toe aan het bananenmengsel en roer tot alles goed gemengd is.

e) Meng het bloem voor alle doeleinden en de zure melk en roer tot het net is opgenomen. Giet het beslag in de voorbereide pan.
f) Bak in de voorverwarmde oven gedurende 45-60 minuten of totdat een tandenstoker die je in het midden steekt er schoon uitkomt. De randen hebben een mooie donkerbruine kleur en er zal een scheur in het midden zitten. Het grote bereik van de kooktijd is te wijten aan variaties in de ovenprestaties. Zorg ervoor dat u een metalen pan gebruikt en geen glas.
g) Laat het brood volledig afkoelen in de pan voordat u het eruit haalt en het glazuur aanbrengt.

**VOOR HET glazuur:**
h) Klop in een middelgrote kom de poedersuiker, de pompoentaartkruiden en het zout door elkaar.
i) Klop het vanille-extract en 1 eetlepel zware slagroom erdoor en voeg indien nodig meer room toe om de gewenste consistentie te bereiken (maximaal 3 eetlepels).
j) Frost het bananenbrood en laat het afkoelen om op te stijven. Bewaar het gematteerde brood maximaal 3 dagen in een luchtdichte verpakking, of snijd het in plakjes en vries het maximaal 1 maand in. Genieten!

# 39. Kaneel Swirl Bananenbrood

**INGREDIËNTEN:**
**VOOR HET BROOD:**
- ½ kopje ongezouten boter, zacht (115 gram)
- ½ kopje kristalsuiker (100 gram)
- ¼ kopje lichtbruine suiker (50 gram)
- 2 grote eieren, op kamertemperatuur
- 1 theelepel puur vanille-extract
- 2 kopjes gepureerde bananen (440 gram; ongeveer 4 grote bananen)
- 2 kopjes bloem voor alle doeleinden, gepeperd en geëgaliseerd (250 gram)
- 1 theelepel bakpoeder
- ½ theelepel zuiveringszout
- 1 theelepel gemalen kaneel
- ½ theelepel zout

**KANEEL SUIKER WERVEL:**
- ¼ kopje kristalsuiker (50 gram)
- 2 theelepels gemalen kaneel

**INSTRUCTIES:**
a) Verwarm uw oven voor op 350 ° F (180 ° C). Vet een broodvorm van 9x5 inch in met anti-aanbakspray, bekleed deze met bakpapier en zet hem opzij.
b) Klop in een grote kom de zachte boter, de kristalsuiker en de bruine suiker met behulp van een handmixer of een keukenmixer voorzien van een paddle-opzetstuk tot het mengsel licht en luchtig wordt, wat ongeveer 3 tot 4 minuten duurt.
c) Voeg de eieren en het vanille-extract toe en meng grondig na elke toevoeging. Voeg vervolgens de geprakte bananen toe aan het mengsel.
d) Meng in een aparte mengkom het bloem voor alle doeleinden, het bakpoeder, het bakpoeder, het zout en de gemalen kaneel.
e) Combineer de droge ingrediënten met de natte ingrediënten en zorg ervoor dat je het beslag niet te veel mengt.
f) Om de kaneelsuikerweveling te maken, meng je de kristalsuiker en gemalen kaneel in een aparte kom.

g) Voor een enkele laag kaneelsuiker giet je ongeveer de helft van het bananenbroodbeslag in de bakvorm, strooi je het kaneelsuikermengsel erover en giet je het resterende beslag erover.
h) Voor een dubbele laag kaneelsuiker giet je ongeveer een derde van het beslag in de bakvorm, strooi de helft van het kaneelsuikermengsel erover en herhaal de lagen, eindig met het laatste derde deel van het beslag.
i) Bak gedurende 55 tot 65 minuten of totdat een tandenstoker die in het midden wordt gestoken er schoon uitkomt. Als het bananenbrood te donker begint te worden, dek het dan de laatste 15 tot 20 minuten af met aluminiumfolie.
j) Eenmaal gebakken haal je het bananenbrood uit de oven en laat je het 10 minuten afkoelen in de bakvorm. Breng het daarna over naar een rooster om het afkoelen te voltooien.

## 40. Açaí-bananenbrood

## INGREDIËNTEN:
- Açaí-puree
- ½ kopje veganistische boter
- 1 kopje veganistische suiker
- 3 extra grote rijpe bananen
- 2 equivalenten voor eiervervanging
- ½ theelepel Vanille
- ½ theelepel citroensap
- 1 ½ kopje ongebleekte bloem
- 1 ½ eetlepel heet water

## INSTRUCTIES:
a) Verwarm de oven voor op 350 graden.
b) Beboter ter voorbereiding een standaard broodvorm, pureer de bananen tot een gladde massa met een paar stukjes en scheid het eiwit en de dooiers in twee verschillende kommen.
c) Klop boter en suiker samen in een grote kom. Voeg bananen, eierdooiers, vanille, citroensap en zuiveringszout toe en meng grondig en roer de bloem erdoor tot alles net gemengd is.
d) Klop de eiwitten stijf en spatel ze voorzichtig door het beslag tot het gemengd is. Roer er als laatste heet water door.
e) Giet de helft van het beslag in de bakvorm, voeg het Açaí-pakket toe om een middenlaag te maken en giet het resterende beslag erbij.
f) Gebruik een houten spies of een ander soortgelijk gevormd apparaat om het beslag voorzichtig in cirkelvormige bewegingen te roeren, zodat er Açaí-wervelingen ontstaan.
g) Bak ongeveer 45 minuten of totdat een tandenstoker die je in het midden steekt er schoon uitkomt.
h) Laat ongeveer 15 minuten afkoelen en serveer.

## 41.Rozijnen Zoet Brood

**INGREDIËNTEN:**
- ½ kopje boter, verzacht
- ½ kopje bakvet
- 2¼ kopje suiker, verdeeld
- 3 eieren, losgeklopt
- 2 theelepels vanille-extract
- 2 enveloppen actieve droge gist
- 1 kopje warm water
- 8 kopjes bloem voor alle doeleinden
- ½ theelepel zout
- 2 kopjes warme melk
- 16-ounce pakket rozijnen
- ½ kopje boter, gesmolten

**INSTRUCTIES:**

a) Meng de boter en het bakvet in een zeer grote kom. Voeg geleidelijk 2 kopjes suiker, eieren en vanille toe en klop goed na elke toevoeging.
b) Combineer gist en warm water (110 tot 115 graden) in een kopje; laat 5 minuten staan.
c) Meng bloem en zout door elkaar. Roer met een grote houten lepel geleidelijk de bloem en het zout afwisselend met het gistmengsel en de warme melk door het botermengsel.
d) Goed mengen; rozijnen erdoor roeren. Leg het deeg op een met bloem bestoven oppervlak.
e) Kneed en voeg extra bloem toe tot het deeg glad en elastisch is.
f) Doe het deeg terug in de kom. Spuit het deeg lichtjes in met anti-aanbakgroentespray; bedek met vetvrij papier en een theedoek. Laat 6 tot 8 uur of een hele nacht rijzen, tot het volume verdubbeld is.
g) Neerslaan; Verdeel het in 6 gelijke porties en plaats het in 6 ingevette 9 "x5" broodpannen. Dek af en laat opnieuw rijzen tot het rond is, 4 tot 6 uur.
h) Sprenkel gesmolten boter over de broden; bestrooi elk brood met 2 theelepels resterende suiker.
i) Bak op 350 graden gedurende 30 minuten, of totdat een tandenstoker die in het midden wordt gestoken er schoon uitkomt. Koel op roosters.

# 42. Geglazuurd drievoudig bessen-bananenbrood

## INGREDIËNTEN:
### VOOR HET BANANENBROOD:
- 6 eetlepels ongezouten boter, gesmolten en licht gekoeld
- 2 kopjes All-purpose Flour
- ¾ kopje suiker
- ¾ theelepel bakpoeder
- ½ theelepel zout
- 2 grote eieren
- 1 ½ kopje gepureerde rijpe bananen (ongeveer 4 middelgrote bananen)
- ¼ kopje gewone Griekse yoghurt
- 1 theelepel vanille-extract
- 2 kopjes gemengde bosbessen, frambozen en bramen, verdeeld

### VOOR DE CITROENGLAZUUR:
- Sap van een halve citroen (ongeveer 3 eetlepels)
- ½ kopje poedersuiker (of meer als je een dikker glazuur wilt)

### INSTRUCTIES:
a) Verwarm uw oven voor op 175°C. Vet een broodvorm van 9x5 inch in.
b) Meng de bloem, suiker, bakpoeder en zout in een grote kom.
c) Meng in een aparte kom de eieren, geprakte bananen, yoghurt en gesmolten (licht afgekoelde) boter, samen met de vanille. Klop tot een gladde massa.
d) Maak een kuiltje in het midden van het bloemmengsel en giet het bananenmengsel erin. Roer voorzichtig tot alles net gemengd is en zorg ervoor dat u niet te veel mengt.
e) Voeg voorzichtig 1 ½ kopje van de gemengde bessen toe en bewaar een ½ kopje voor de topping.
f) Giet het beslag in de voorbereide broodvorm. Strooi de resterende bessen erover en druk ze voorzichtig in het beslag.
g) Bak totdat het brood goudbruin is en een tandenstoker die je in het midden steekt er schoon uitkomt, wat ongeveer 1 uur tot 1 uur en 15 minuten duurt.

h) Laat het brood 5 minuten afkoelen in de pan en stort het dan voorzichtig uit op een rooster. Laat het volledig afkoelen voordat je het gaat snijden.

**VOOR DE CITROENGLAZUUR,**

i) Klop het citroensap en de poedersuiker tot een gladde massa.
j) Druppel dit glazuur vlak voor het serveren over het brood.

## 43.Bananenbrood met bosbessen

## INGREDIËNTEN:

- 2 kopjes All-purpose Flour
- 1 theelepel zuiveringszout
- 4 rijpe bananen
- 1 groot ei
- 1 theelepel vanille-extract
- ½ kopje suiker
- ½ kopje ongezouten boter (1 stokje), gesmolten
- 1 theelepel kaneel (optioneel)
- 1 kop verse bosbessen

## INSTRUCTIES:

a) Verwarm uw oven voor op 175°C.
b) Meng het bloem voor alle doeleinden en het bakpoeder in een middelgrote kom. Zet dit mengsel opzij.
c) Prak de rijpe bananen in een grote mengkom met een vork. Voeg het grote ei en het vanille-extract toe en meng alles goed.
d) Voeg de suiker en de gesmolten boter toe aan het bananenmengsel. Voeg desgewenst in dit stadium kaneel toe.
e) Voeg geleidelijk het bloemmengsel toe aan het bananenmengsel en roer tot het net gemengd is.
f) Spatel de verse bosbessen voorzichtig door het beslag.
g) Bestrijk een bakblik met olie of vet het in en giet het beslag in de pan.
h) Bak op 175°C gedurende 65-75 minuten of tot het brood goudbruin kleurt.
i) Geniet van dit heerlijke met bosbessen doordrenkte bananenbrood, waarbij de combinatie van rijpe bananen en sappige bosbessen een perfecte harmonie van smaken creëert. Genieten!

## 44. Tropisch bananenbrood

## INGREDIËNTEN:
### BROOD:
- 1 ½ kopjes ongebleekte bloem voor alle doeleinden
- 2 theelepels bakpoeder
- 1 snufje zout
- 14 ons blikje gemalen ananas
- 3 eieren
- 1 ¼ kopjes suiker
- 1 theelepel vanille-extract
- ½ kopje ongezouten boter, gesmolten en afgekoeld
- 1 kopje zeer rijpe bananen, gepureerd met een vork
- 2 eetlepels limoensap
- ½ kopje ongezoete geraspte kokosnoot

### SIROOP:
- ½ kopje suiker
- ¼ kopje limoensap
- ½ kopje ongezoete geraspte kokosnoot, licht geroosterd

## INSTRUCTIES:
### VOOR HET BROOD:
a) Verwarm uw oven voor op 350 ° F (180 ° C). Beboter twee broodvormen van 1,5 liter (10 x 4 inch (25 x 10 cm)) en bekleed ze met een vel bakpapier, zodat ze aan beide kanten kunnen hangen.

b) Meng de bloem, het bakpoeder en het zout in een kom. Zet dit droge mengsel opzij.

c) Giet de ananas af met behulp van een zeef en druk hem aan met een pollepel om zoveel mogelijk vloeistof eruit te halen. Zet de uitgelekte ananas opzij en bewaar het sap voor ander gebruik.

d) Gebruik in een andere kom een elektrische mixer om de eieren, suiker en vanille te kloppen totdat het mengsel in volume verdubbelt en in linten uit de klopper valt, wat ongeveer 10 minuten zou moeten duren. Roer de gesmolten boter erdoor.

e) Voeg de geprakte bananen en het limoensap toe en roer tot het mengsel glad wordt. Roer de droge ingrediënten, geraspte kokosnoot en de uitgelekte ananas erdoor.

f) Verdeel het beslag gelijkmatig in de voorbereide pannen. Bak ongeveer 40 minuten of totdat een tandenstoker die je in het midden van de broden steekt er schoon uitkomt.
g) Laat de broden afkoelen op een rooster.

**VOOR DE STROOP:**

h) Breng in een kleine pan de suiker en het limoensap aan de kook. Laat ongeveer 2 minuten sudderen of tot de suiker volledig is opgelost.
i) Roer de licht geroosterde geraspte kokosnoot erdoor.
j) Giet de siroop over de warme koeken en laat het 30 minuten intrekken.
k) Geniet van de smaak van de tropen met dit Tropische Bananenbrood! Het is een stukje paradijs bij elke hap.

## 45. Mango-bananenbrood

**INGREDIËNTEN:**
- 1 kopje suiker
- ½ kopje ongezouten boter, op kamertemperatuur
- 2 grote eieren
- 2 rijpe bananen
- ½ rijpe mango, in blokjes
- 1 eetlepel melk
- 1 theelepel gemalen kaneel
- 2 kopjes bloem
- 1 theelepel bakpoeder
- 1 theelepel zuiveringszout
- 1 theelepel zout
- ¾ theelepel vanille-extract

**INSTRUCTIES:**

a) Verwarm je oven voor op 325 graden Fahrenheit (163 graden Celsius). Vet een broodvorm in of bekleed deze.
b) Meng in een grote mengkom de suiker en de boter op kamertemperatuur tot het mengsel licht en luchtig wordt.
c) Voeg de eieren één voor één toe en klop goed na elke toevoeging.
d) Prak de rijpe bananen in een kleine kom met een vork.
e) Meng de melk, gemalen kaneel en vanille-extract door de geprakte bananen tot alles goed gemengd is.
f) Spatel de mangoblokjes voorzichtig door het bananenmengsel. Zet dit mengsel opzij.
g) Meng in een andere kom de bloem, bakpoeder, zuiveringszout en zout.
h) Voeg het banaan-mangomengsel toe aan het mengsel van roomsuiker en boter en roer tot alles gemengd is.
i) Voeg ten slotte de droge ingrediënten toe en roer tot er een uniform beslag ontstaat.
j) Giet het beslag in de voorbereide bakvorm en strijk de bovenkant glad.
k) Bak ongeveer 65-75 minuten of totdat een tandenstoker die je in het midden steekt er schoon uitkomt.
l) Laat het mango-bananenbrood afkoelen op een bakplaat voordat je het uit de ovenschaal haalt, om barsten aan de bovenkant te voorkomen.

# 46. Bananenbrood uit het Zwarte Woud

## INGREDIËNTEN:
### VOOR HET BANANENBROOD:
- 3 rijpe bananen, gepureerd
- ½ kopje ongezouten boter, gesmolten
- 1 kopje kristalsuiker
- 2 grote eieren
- 1 theelepel vanille-extract
- 1 ½ kopje bloem voor alle doeleinden
- ¼ kopje cacaopoeder
- 1 theelepel zuiveringszout
- ½ theelepel zout
- ½ kopje halfzoete chocoladestukjes

### VOOR DE ZWARTE BOSTOpping:
- 1 kop verse kersen, ontpit en gehalveerd
- ¼ kopje kristalsuiker
- ¼ kopje water
- 1 eetlepel maizena
- Slagroom (voor serveren, optioneel)

## INSTRUCTIES:
a) Verwarm uw oven voor op 175°C. Vet een broodvorm van 9x5 inch in en bebloem deze.
b) Pureer de rijpe bananen in een mengkom met een vork tot een gladde massa.
c) Klop in een aparte grote kom de gesmolten boter en de kristalsuiker samen tot ze goed gemengd zijn.
d) Voeg de eieren en het vanille-extract toe aan het boter-suikermengsel en klop tot een gladde massa.
e) Zeef in een andere kom de bloem, het cacaopoeder, het bakpoeder en het zout.
f) Voeg geleidelijk de droge ingrediënten toe aan de natte ingrediënten, roer tot ze net gemengd zijn. Niet overmixen.
g) Spatel voorzichtig de halfzoete chocoladestukjes erdoor.
h) Giet het bananenbroodbeslag in de voorbereide broodvorm.

i) Bak in de voorverwarmde oven gedurende 60-70 minuten of totdat een tandenstoker die je in het midden steekt er schoon uitkomt.
j) Terwijl het bananenbrood bakt, maak je de Zwarte Woud-topping klaar. Meng in een pan de ontpitte en gehalveerde kersen, kristalsuiker en water. Breng op middelhoog vuur aan de kook.
k) Meng het maïzena in een kleine kom met een eetlepel water, zodat er een papje ontstaat. Voeg deze brij toe aan het kokende kersenmengsel en roer tot de saus dikker wordt. Haal van het vuur en laat afkoelen.
l) Zodra het bananenbrood klaar is met bakken, haal je het uit de oven en laat je het ongeveer 10 minuten in de pan afkoelen voordat je het op een rooster legt om volledig af te koelen.
m) Zodra het bananenbrood is afgekoeld, schep je de Zwarte Woud-kersentopping over het brood.
n) Serveer eventueel plakjes Zwarte Woud Bananenbrood met een toefje slagroom.

## 47.Amaretto-kokosbrood

## INGREDIËNTEN

- 4 ons tofu
- 1 kopje suiker
- ¼ kopje Amaretto
- 14 vloeibare ounce Kokosmelk
- 2½ kopje bloem
- ½ theelepel zout
- 1 eetlepel bakpoeder
- 1 kopje ongezoete kokosvlokken

## INSTRUCTIES

a) Verwarm de oven voor op 350 F. Vet een broodvorm van 9 "x 5" x 3 "in.
b) Meng tofu en suiker grondig in een elektrische mixer of door ze samen te pureren in een grote mengkom met het keukengerei van uw keuze. :-)
c) Meng Amaretto en kokosmelk door de tofu tot alles goed gemengd is.
d) Zeef ondertussen de bloem, het zout en het bakpoeder. Voeg de kokosvlokken toe, voeg de droge ingrediënten toe aan het vloeibare mengsel en meng grondig.
e) Schep het beslag in de voorbereide broodvorm. Bak tot het gaar is, ongeveer 50 minuten.
f) Laat iets afkoelen voordat u het uit de pan haalt.

## 48. Bietennotenbrood

**INGREDIËNTEN:**
- ¾ kopje verkorting
- 1 kopje suiker
- 4 eieren
- 2 theelepels Vanille
- 2 kopjes Geraspte bieten
- 3 kopjes bloem
- 2 theelepels bakpoeder
- 1 theelepel zuiveringszout
- ½ theelepel kaneel
- ¼ theelepel Gemalen nootmuskaat
- 1 kop Gehakte noten

**INSTRUCTIES:**
a) Klop het bakvet en de suiker tot het licht en luchtig is. Meng de eieren en vanille erdoor. Roer de bieten erdoor.
b) Voeg gecombineerde droge ingrediënten toe; Meng goed. Roer de noten erdoor.
c) Giet het in een ingevette en met bloem bestoven broodvorm van 9 x 5 inch.
d) Bak op 350'F. gedurende 60-70 minuten of totdat de houten tandenstoker die je in het midden steekt er schoon uitkomt.
e) Koel gedurende 10 minuten; uit de pan halen.

# ONTBIJTBROODJES

## 49. Mini Caprese-sandwiches

**INGREDIËNTEN:**
- 12 mini-schuifbroodjes of dinerbroodjes
- 12 plakjes verse mozzarellakaas
- 2 tomaten, in plakjes gesneden
- Verse basilicumblaadjes
- Balsamico glazuur
- Zout en peper naar smaak

**INSTRUCTIES:**
a) Snijd de mini-schuifbroodjes of dinerbroodjes horizontaal doormidden.
b) Leg een plakje mozzarellakaas, een plakje tomaat en een paar basilicumblaadjes op de onderste helft van elk broodje.
c) Besprenkel met balsamicoglazuur en breng op smaak met zout en peper.
d) Plaats de bovenste helft van het broodje op de vulling.
e) Zet de minisandwiches indien gewenst vast met tandenstokers.
f) Serveer en geniet van deze verfrissende Caprese broodjes.

## 50.Mini-kipsaladesandwiches

## INGREDIËNTEN:
- 12 minicroissants of kleine broodjes
- 2 kopjes gekookte kipfilet, versnipperd of in blokjes gesneden
- ½ kopje mayonaise
- 1 eetlepel Dijon-mosterd
- ¼ kopje selderij, fijngehakt
- 2 groene uien, in dunne plakjes gesneden
- Zout en peper naar smaak

## INSTRUCTIES:
a) Meng in een kom de geraspte of in blokjes gesneden kipfilet, mayonaise, Dijon-mosterd, selderij en groene uien tot alles goed gemengd is.
b) Breng op smaak met zout en peper.
c) Snijd de minicroissants of broodjes horizontaal doormidden.
d) Schep een royale hoeveelheid kipsalade op de onderste helft van elke croissant of rol.
e) Leg de bovenste helft van de croissant of rol deze op de vulling.
f) Zet de minisandwiches indien gewenst vast met tandenstokers.
g) Serveer en geniet van deze smaakvolle sandwiches met kipsalade.

## 51.Mini-kalkoen- en cranberrysandwiches

**INGREDIËNTEN:**
- 12 mini dinerbroodjes of kleine broodjes
- 12 plakjes kalkoenfilet
- ½ kopje cranberrysaus
- Handvol babyspinazie of rucolablaadjes
- ¼ kopje roomkaas
- Zout en peper naar smaak

**INSTRUCTIES:**
a) Snijd de dinerbroodjes of broodjes horizontaal doormidden.
b) Smeer roomkaas op de onderste helft van elke rol.
c) Leg de gesneden kalkoenfilet, een lepel cranberrysaus en een paar babyspinazie- of rucolablaadjes op de roomkaas.
d) Breng op smaak met zout en peper.
e) Plaats de bovenste helft van de rol op de vullingen.
f) Zet de minisandwiches indien gewenst vast met tandenstokers.

## 52. Mini Ham- en Kaasschuivers

**INGREDIËNTEN:**
- 12 mini-schuifbroodjes of dinerbroodjes
- 12 plakjes ham
- 12 plakjes kaas (zoals cheddar, Zwitsers of provolone)
- 2 eetlepels Dijonmosterd
- 2 eetlepels mayonaise
- 2 eetlepels boter, gesmolten
- ½ theelepel knoflookpoeder
- ½ theelepel maanzaad (optioneel)

**INSTRUCTIES:**
a) Verwarm de oven voor op 175°C.
b) Snijd de schuifbroodjes of dinerbroodjes horizontaal doormidden.
c) Verdeel Dijon-mosterd op de onderste helft van elk broodje en mayonaise op de bovenste helft.
d) Leg gesneden ham en kaas op de onderste helft van elk broodje.
e) Plaats de bovenste helft van het broodje op de vulling om sandwiches te maken.
f) Leg de sandwiches in een ovenschaal.
g) Meng in een kleine kom gesmolten boter met knoflookpoeder. Bestrijk het mengsel over de bovenkant van de sandwiches.
h) Strooi indien gewenst maanzaad over de sandwiches.
i) Bedek de ovenschaal met folie en bak gedurende 10-15 minuten of tot de kaas gesmolten is en de broodjes licht geroosterd zijn.
j) Serveer deze warme en kaasachtige ham- en kaassliders.

## 53.Mini Veggie Club-sandwiches

**INGREDIËNTEN:**
- 12 mini pitabroodjes of kleine broodjes
- ½ kopje hummus
- 12 plakjes komkommer
- 12 plakjes tomaat
- 12 plakjes avocado
- Handvol sla of spruitjes
- Zout en peper naar smaak

**INSTRUCTIES:**
a) Snijd de mini-pitabroodjes of broodjes horizontaal doormidden.
b) Verdeel hummus op de onderste helft van elke zak of rol.
c) Leg plakjes komkommer, plakjes tomaat, plakjes avocado en sla of spruitjes op de hummus.
d) Breng op smaak met zout en peper.
e) Plaats de bovenste helft van de zak of rol op de vullingen.
f) Zet de minisandwiches indien gewenst vast met tandenstokers.
g) Serveer en geniet van deze smaakvolle vegetarische clubsandwiches.

## 54. Mini-komkommer- en roomkaassandwiches

**INGREDIËNTEN:**
- 12 sneetjes mini-cocktailbrood of vingersandwiches
- 4 ons (½ kopje) roomkaas, verzacht
- 1 kleine komkommer, in dunne plakjes gesneden
- Verse dille takjes
- Zout en peper naar smaak

**INSTRUCTIES:**
a) Smeer op elk sneetje cocktailbrood een dun laagje zachte roomkaas.
b) Verdeel de dun gesneden komkommer over de helft van de sneetjes brood.
c) Breng op smaak met zout en peper.
d) Werk af met verse dilletakjes.
e) Leg de resterende sneetjes brood erop om minisandwiches te maken.
f) Snijd de korstjes indien gewenst af en snijd ze in kleine vierkanten of rechthoeken.

## 55. Mini sandwiches met gerookte zalm en dille

**INGREDIËNTEN:**
- 12 sneetjes mini-cocktailbrood of vingersandwiches
- 4 ons gerookte zalm
- 4 ons roomkaas, verzacht
- Verse dille, ter garnering
- Citroenpartjes, om te serveren

**INSTRUCTIES:**
a) Verdeel zachte roomkaas op elk sneetje cocktailbrood.
b) Leg op de helft van de sneetjes brood een plakje gerookte zalm.
c) Garneer met verse dille.
d) Knijp eventueel een beetje citroensap over de zalm.
e) Beleg met de overgebleven sneetjes brood om minisandwiches te maken.
f) Snijd de randen af en snijd ze in kleine driehoeken of vierkanten.

## 56.Mini-eiersaladebroodjes

**INGREDIËNTEN:**
- 12 sneetjes mini-cocktailbrood of vingersandwiches
- 4 hardgekookte eieren, gehakt
- 2 eetlepels mayonaise
- 1 theelepel Dijon-mosterd
- Zout en peper naar smaak
- Verse bieslook, fijngehakt (voor garnering)

**INSTRUCTIES:**
a) Meng in een kom gehakte hardgekookte eieren, mayonaise, Dijon-mosterd, zout en peper. Goed mengen.
b) Verdeel het eiersalademengsel over de helft van de sneetjes brood.
c) Bestrooi met gehakte verse bieslook.
d) Beleg met de overgebleven sneetjes brood om minisandwiches te maken.
e) Snijd de randen af en snijd ze in kleine vierkanten of rechthoeken.

## 57. Minibroodjes met rosbief en mierikswortel

**INGREDIËNTEN:**
- 12 mini sliderbroodjes of kleine rolletjes
- 6 ons dun gesneden rosbief
- 2 eetlepels bereide mierikswortelsaus
- Rucola bladeren

**INSTRUCTIES:**

a) Smeer een dunne laag mierikswortelsaus op één kant van elk schuifbroodje.

b) Leg op de onderste helft van de broodjes enkele plakjes rosbief.

c) Beleg met rucolablaadjes en vervolgens de bovenste helft van de broodjes om minisandwiches te maken.

## 58.Mini-sandwiches met waterkers en radijs

**INGREDIËNTEN:**
- 12 minisneden volkorenbrood of kleine broodjes
- Waterkers bladeren
- Dun gesneden radijsjes
- Roomkaas
- Citroenschil

**INSTRUCTIES:**
a) Smeer op de helft van de sneetjes brood een laagje roomkaas.
b) Leg er waterkersblaadjes en dun gesneden radijsjes op.
c) Bestrooi met citroenschil.
d) Beleg met de overgebleven sneetjes brood om minisandwiches te maken.

# SCONEN

# 59. Mimosa-scones

**INGREDIËNTEN:**
- 2 kopjes All-purpose Flour
- ¼ kopje kristalsuiker
- 1 eetlepel bakpoeder
- ½ theelepel zout
- ½ kopje koude ongezouten boter, in kleine blokjes gesneden
- ¼ kopje zware room
- ¼ kopje sinaasappelsap
- ¼ kopje champagne of mousserende wijn
- 1 theelepel sinaasappelschil
- ½ kopje gedroogde veenbessen of gouden rozijnen (optioneel)
- 1 groot ei, losgeklopt (voor het wassen van eieren)
- Grove suiker om te bestrooien

**INSTRUCTIES:**
a) Verwarm uw oven voor op 200°C. Bekleed een bakplaat met bakpapier.
b) Meng in een grote kom de bloem, suiker, bakpoeder en zout.
c) Voeg de koude boterblokjes toe aan de droge ingrediënten en snijd ze in met een deegsnijder of twee messen tot het mengsel op grove kruimels lijkt.
d) Meng in een aparte kom de slagroom, het sinaasappelsap, de champagne en de sinaasappelschil.
e) Giet de natte ingrediënten bij het droge mengsel en roer tot alles net gemengd is. Voeg de gedroogde veenbessen of gouden rozijnen toe als je deze gebruikt.
f) Leg het deeg op een met bloem bestoven oppervlak en dep het in een cirkel van ongeveer 2,5 cm dik. Snij de cirkel in 8 partjes.
g) Plaats de scones op de voorbereide bakplaat, bestrijk de bovenkant met het losgeklopte ei en bestrooi met grove suiker.
h) Bak in de voorverwarmde oven gedurende 15-18 minuten of tot de scones goudbruin zijn.
i) Laat de scones iets afkoelen voordat je ze serveert.

## 60.Verjaardagstaart-scones

## INGREDIËNTEN:
### VOOR DE SCONES:
- 2 kopjes All-purpose Flour
- ¼ kopje kristalsuiker
- 2 theelepels bakpoeder
- ½ theelepel zout
- ½ kopje ongezouten boter, koud en in blokjes
- ½ kopje karnemelk
- 1 theelepel vanille-extract
- ¼ kopje kleurrijke hagelslag

### VOOR HET GLAZUUR:
- 1 kopje poedersuiker
- 2 eetlepels melk
- ½ theelepel vanille-extract
- Extra hagelslag voor garnering (optioneel)

## INSTRUCTIES:
a) Verwarm de oven voor op 200°C en bekleed een bakplaat met bakpapier.
b) Meng in een grote mengkom de bloem, kristalsuiker, bakpoeder en zout.
c) Voeg de koude, in blokjes gesneden boter toe aan de droge ingrediënten. Gebruik een deegsnijder of je vingers om de boter door het bloemmengsel te snijden totdat het op grove kruimels lijkt.
d) Klop in een aparte kom de karnemelk en het vanille-extract door elkaar.
e) Giet geleidelijk het karnemelkmengsel bij de droge ingrediënten en roer tot alles net gemengd is.
f) Spatel voorzichtig de kleurrijke hagelslag erdoor en pas op dat u niet te veel mengt, waardoor de levendige kleuren verloren gaan.
g) Breng het deeg over op een licht met bloem bestoven oppervlak. Vorm het in een cirkel of rechthoek, ongeveer 2,5 cm dik.
h) Gebruik een scherp mes of een deegsnijder om het deeg in punten of vierkanten te snijden, afhankelijk van de vorm en grootte die u verkiest.

i) Plaats de scones op de voorbereide bakplaat en laat wat ruimte tussen elke scone.
j) Bak de scones in de voorverwarmde oven gedurende ongeveer 15-20 minuten, of tot ze goudbruin en gaar zijn.
k) Terwijl de scones bakken, bereid je het glazuur voor. Klop in een mengkom de poedersuiker, de melk en het vanille-extract tot een glad en romig mengsel.
l) Als de scones klaar zijn met bakken, haal ze dan uit de oven en laat ze een paar minuten afkoelen op een rooster.
m) Sprenkel het glazuur over de warme scones, zodat het langs de zijkanten naar beneden druppelt.
n) Optioneel: Strooi extra kleurrijke hagelslag over het glazuur voor een extra feestelijk tintje.
o) Laat het glazuur een paar minuten inwerken voordat je de verjaardagstaartscones serveert.

# 61. Cappuccino-scones

**INGREDIËNTEN:**
- 2 kopjes All-purpose Flour
- ¼ kopje kristalsuiker
- 2 eetlepels oploskoffiekorrels
- 1 eetlepel bakpoeder
- ½ theelepel zout
- ½ kopje koude ongezouten boter, in blokjes
- ½ kopje zware room
- ¼ kopje sterke koffie, gekoeld
- 1 theelepel vanille-extract
- ½ kopje halfzoete chocoladestukjes (optioneel)
- 1 ei (voor het wassen van eieren)
- Grove suiker (om te bestrooien, optioneel)

**INSTRUCTIES:**
a) Verwarm de oven voor op 200 °C (400 °F) en bekleed een bakplaat met bakpapier.
b) Meng in een grote mengkom de bloem, kristalsuiker, oploskoffiekorrels, bakpoeder en zout.
c) Voeg de koude, in blokjes gesneden boter toe aan de droge ingrediënten. Gebruik een deegsnijder of je vingers om de boter door het droge mengsel te wrijven totdat het op grove kruimels lijkt.
d) Meng in een aparte kom de slagroom, de gezette koffie en het vanille-extract.
e) Giet de natte ingrediënten bij het droge mengsel en roer tot alles net gemengd is. Voeg indien gewenst de halfzoete chocoladestukjes toe.
f) Leg het deeg op een met bloem bestoven oppervlak en kneed het een paar keer voorzichtig totdat het samenhangt.
g) Dep het deeg in een cirkel van ongeveer 1 inch dik. Snij de cirkel in 8 partjes.
h) Plaats de scones op de voorbereide bakplaat. Klop het ei los en bestrijk de bovenkant van de scones ermee. Bestrooi met grove suiker, indien gebruikt.

i) Bak in de voorverwarmde oven gedurende 15-18 minuten of tot de scones goudbruin zijn en een tandenstoker die je in het midden steekt er schoon uitkomt.
j) Laat de cappuccino scones afkoelen op een rooster voordat u ze serveert.

## 62. Gember- en bessenscones

**INGREDIËNTEN:**
- 1 ei, losgeklopt
- 3 eetlepels bruine suiker, verpakt
- 1 theelepel rum of extract met rumsmaak
- 1 theelepel bakpoeder
- 2 Eetlepels melk
- 1 kopje bloem voor alle doeleinden
- ¼ kopje boter, verzacht
- ¾ kopjes krenten
- 2 Eetlepels gekonfijte gember, fijngehakt

**INSTRUCTIES:**
a) Meng alle ingrediënten in een grote kom tot ze goed gemengd zijn. Verdeel het deeg in 8 tot 10 ballen; afvlakken.
b) Schik de scones op niet-ingevette bakplaten.
c) Bak op 350 graden gedurende 15 minuten, of tot ze goudbruin zijn.

# 63. Kaneel-walnoot-scones

**INGREDIËNTEN:**
**TOPPING:**
- 2 eetlepels korrelige Splenda
- ½ theelepel kaneel

**SCONEN:**
- 2 kopjes bakmix
- 1 theelepel bakpoeder
- 1 theelepel kaneel
- ¼ kopje koude ongezouten boter, in kleine stukjes gesneden
- 2 ons koude roomkaas, in kleine stukjes gesneden
- ½ kopje walnoten, gehakt (ongeveer 2 ons)
- ⅓ kopje Carb Countdown-melk of slagroom
- 1 ei, losgeklopt
- ¾ kopje korrelige Splenda
- 1 theelepel vanille-extract
- 1 eetlepel slagroom

**INSTRUCTIES:**
a) Bekleed een bakplaat met bakpapier of een bakvorm met anti-aanbaklaag. Meng de topping in een kleine kom
b) INGREDIËNTEN: korrelige Splenda en kaneel. Zet dit mengsel opzij.
c) Klop in een middelgrote kom het bakpoeder en de kaneel door de bakmix.
d) Snijd de koude boter en de roomkaas erdoor tot het mengsel op kleine erwten lijkt.
e) Voeg de gehakte walnoten toe aan het mengsel.
f) Meng in een aparte kom de melk (of slagroom), het losgeklopte ei, de zoetstof (Splenda in korrelvorm of vloeibare Splenda, afhankelijk van je keuze) en vanille-extract.
g) Voeg het natte mengsel toe aan het droge mengsel en roer tot het deeg samenkomt. Het deeg zal plakkerig zijn.
h) Leg het deeg op een oppervlak dat licht is bestrooid met bakmix. Bestrooi de bovenkant van het deeg met bakmix en dep het voorzichtig tot een dikte van 1 inch.

i) Snijd het deeg uit met een koekjesvormer van 2 inch en plaats de scones voorzichtig op de bakplaat. Dep de stukjes deeg voorzichtig uit en snijd ze uit om de resterende scones te maken.
j) Bestrijk de bovenkant van de scones met 1 eetlepel slagroom.
k) Verdeel het toppingmengsel gelijkmatig over alle scones.
l) Bak in een voorverwarmde oven op 400ºC gedurende 12-15 minuten of tot de scones goudbruin zijn.
m) Serveer de scones warm en overweeg ze te combineren met boter, clotted cream of mascarponekaas. Mock Clotted Cream is ook een heerlijke topping voor deze scones. Genieten!

## 64. Limoncello-scones

**INGREDIËNTEN:**
- 2 kopjes All-purpose Flour
- ¼ kopje suiker
- 2 theelepels bakpoeder
- ½ theelepel zout
- ½ kopje koude ongezouten boter, in kleine blokjes gesneden
- ½ kopje zware room
- ¼ kopje Limoncello-likeur
- Schil van 1 citroen
- ½ kopje poedersuiker (voor glazuur)
- 1 eetlepel Limoncello (voor glazuur)

**INSTRUCTIES:**
a) Verwarm de oven voor op 200 °C (400 °F) en bekleed een bakplaat met bakpapier.
b) Meng in een grote kom de bloem, suiker, bakpoeder en zout.
c) Voeg de koude boterblokjes toe aan het bloemmengsel en snijd het in met een deegsnijder of je vingers tot het mengsel op grove kruimels lijkt.
d) Meng in een aparte kom de slagroom, limoncello en citroenschil.
e) Giet het roommengsel bij het bloemmengsel en roer tot het deeg samenkomt.
f) Leg het deeg op een licht met bloem bestoven oppervlak en kneed het een paar keer voorzichtig.
g) Dep het deeg in een cirkel van ongeveer 2,5 cm dik en snijd het vervolgens in 8 partjes.
h) Plaats de scones op de voorbereide bakplaat en bak gedurende 15-18 minuten of tot ze goudbruin zijn.
i) Klop in een kleine kom de poedersuiker en de limoncello samen om het glazuur te maken.
j) Giet het glazuur over de warme scones en laat ze iets afkoelen voordat je ze serveert.

## 65.Koffiescones met kaneel

**INGREDIËNTEN:**
- 2 kopjes Zelfrijzend bakmeel
- 2 theelepels Kaneel
- 6 eetlepels suiker
- ¾ kopje ongezouten boter
- 2 eieren
- ¼ kopje Sterk gezette Folgers-koffie
- ¼ kopje melk
- ½ kopje Gouden rozijnen
- ½ kopje Gehakte pecannoten
- Extra melk en suiker voor toppings

**INSTRUCTIES:**

a) Roer de bloem, kaneel en suiker door elkaar. Snijd de boter in stukjes van een eetlepel en meng deze door het droge mengsel.

b) Meng de eieren, koffie en melk. Roer het droge mengsel erdoor tot een zacht deeg ontstaat. Roer het fruit en de noten erdoor. Leg het deeg op een met bloem bestoven bord en dep er voorzichtig een deegcirkel van ongeveer ½ "dik uit. Steek er rondjes uit met een met bloem bestoven koekjesvormer en plaats ze op een ingevette bakplaat.

c) Bestrijk de bovenkant voorzichtig met melk en bak in een voorverwarmde oven van 400 F gedurende 12-15 minuten of tot ze goudbruin zijn. Heet opdienen.

# 66.Kokos- en ananasscones

## INGREDIËNTEN:
### SCONEN:
- 2 kopjes bakmix
- 1 theelepel bakpoeder
- ¼ kopje ongezouten boter, stevig, in kleine stukjes gesneden
- 2 ons roomkaas
- ½ kopje engelachtige kokosnoot
- ½ kopje macadamianoten, gehakt
- Suikervervanger gelijk aan ⅓ kopje suiker
- ⅓ kopje Carb Countdown Zuiveldrank
- 1 groot ei, losgeklopt
- 1 theelepel ananasextract
- 1 eetlepel zware room voor bedruipen

### ENGELTYPE KOKOSNOOT:
- ½ kopje ongezoete geraspte kokosnoot
- 1 ½ eetlepels. kokend water
- Suikervervanger gelijk aan 2 theelepels. van suiker

## INSTRUCTIES:
### ENGELTYPE KOKOSNOOT:
a) Doe de kokosnoot in een kleine kom. Giet er kokend water en zoetstof overheen en roer tot de kokosnoot goed vochtig is.
b) Leg een vel plasticfolie over de kom en laat het 15 minuten staan.

### SCONEN:
c) Verwarm de oven voor op 400 graden. Bekleed een bakplaat met bakpapier.
d) Klop in een middelgrote kom de theelepel bakpoeder door de bakmix.
e) Snijd de boter en roomkaas in de bakmix tot het mengsel op grove kruimels lijkt. Roer de kokosnoot en macadamianoten erdoor.
f) Meng in een aparte kom melk, ei, suikervervanger en ananasextract.
g) Voeg het natte mengsel toe aan het droge en roer tot er een zacht deeg ontstaat (het zal plakkerig zijn).
h) Leg het deeg op een oppervlak dat licht is bestrooid met bakmix.

i) Rol het deeg voorzichtig uit tot het bedekt is. Kneed 10 keer lichtjes.
j) Dep het deeg in een cirkel van 19 cm op de met bakpapier beklede bakplaat. Als het deeg te plakkerig is, bedek het dan met een stuk plasticfolie en vorm dan een cirkel. Bestrijk de bovenkant met room. Snijd in 8 partjes, maar verschillend.
k) Bak gedurende 15 tot 20 minuten of tot ze goudbruin zijn. Haal uit de oven. Wacht 5 minuten, snij vervolgens voorzichtig de wiggen langs de breuklijnen en scheid ze van elkaar. Serveer warm.

## 67. Pompoen Cranberry Scones

**INGREDIËNTEN:**
- 2 kopjes bakmix
- 1 eetlepel boter
- 2 pakjes Splenda
- ¾ kopje pompoen uit blik, koud
- 1 ei, losgeklopt
- 1 eetlepel slagroom
- ½ kopje verse veenbessen, gehalveerd

**INSTRUCTIES:**
a) Verwarm uw oven voor op 220°C.
b) Snijd de boter in de bakmix.
c) Voeg de Splenda (naar smaak aan te passen), pompoen uit blik, losgeklopt ei en slagroom toe aan het bakmixmengsel. Meng de ingrediënten goed, maar meng niet te lang.
d) Spatel voorzichtig de gehalveerde veenbessen erdoor.
e) Vorm 10 balletjes van het deeg en leg ze op een beboterde bakplaat. Druk zachtjes op elke bal en strijk de buitenranden glad.
f) Bestrijk desgewenst de bovenkant van de scones met extra slagroom.
g) Bak op het middelste rooster van de voorverwarmde oven gedurende 10-15 minuten of tot de scones goudbruin zijn.
h) Serveer de warme scones met boter en/of slagroom.

# 68. Roze limonadescones

**INGREDIËNTEN:**
- 1 kopje zware room
- 1 kopje limonade
- 6 druppels roze kleurstof
- 3 kopjes zelfrijzend bakmeel
- 1 snufje zout
- jam, om te serveren
- room, om te serveren

**INSTRUCTIES:**
a) Verwarm de oven voor op 450 ° F
b) Doe alle ingrediënten in een kom. Meng licht tot het gecombineerd is.
c) Schraap op een met bloem bestoven oppervlak.
d) Kneed lichtjes en vorm het deeg tot ongeveer 1 "dik.
e) Steek vervolgens met een ronde uitsteker de scones uit.
f) Leg ze op een ingevette bakplaat en bestrijk de bovenkant met een beetje melk.
g) Bak gedurende 10-15 minuten of tot de bovenkant bruin is.
h) Serveer met jam en room.

# 69. Boterachtige scones

**INGREDIËNTEN:**
- 1 kopje karnemelk
- 1 ei
- 3 eetlepels suiker
- 3½ kopjes ongebleekte witte bloem, verdeeld
- 2 theelepels bakpoeder
- 1 theelepel zuiveringszout
- ½ theelepel zout
- ½ kopje boter, gesmolten
- ½ kopje rozijnen

**INSTRUCTIES:**

a) Klop karnemelk, ei en suiker samen met een elektrische mixer op gemiddelde snelheid. Zeef 3 kopjes bloem met bakpoeder, zuiveringszout en zout.

b) Voeg ⅔ van het bloemmengsel toe aan het karnemelkmengsel en roer goed.

c) Voeg geleidelijk gesmolten boter toe, goed roerend; voeg het resterende bloemmengsel toe.

d) Voeg indien nodig rozijnen toe en nog wat bloem. Kneed het deeg 2 tot 3 keer op een met bloem bestoven oppervlak.

e) Snijd het deeg in 3 delen. Vorm elk in een cirkel van 1½ inch dik en snijd in 4 gelijke kwartalen. Plaats op een ingevette bakplaat. Bak op 400 graden gedurende 15 minuten, of tot de bovenkant goudbruin is.

## 70. Passievruchten scones

## INGREDIËNTEN:
- 2 kopjes All-purpose Flour
- ⅓ kopje suiker
- 1 eetlepel bakpoeder
- ½ theelepel zout
- ½ kopje ongezouten boter, gekoeld en in blokjes
- ⅔ kopje passievruchtpulp
- ½ kopje zware room

## INSTRUCTIES:
a) Verwarm de oven voor op 400 ° F.
b) Meng de bloem, suiker, bakpoeder en zout in een mengkom.
c) Voeg de gekoelde boter toe en gebruik een blender of je handen om de boter in de droge ingrediënten te snijden totdat het mengsel kruimelig is.
d) Voeg de passievruchtpulp en de slagroom toe en roer tot het deeg samenkomt.
e) Leg het deeg op een met bloem bestoven oppervlak en dep het in een cirkel.
f) Snijd het deeg in 8 partjes
g) Plaats de scones op een bakplaat bekleed met bakpapier.
h) Bak gedurende 18-20 minuten of tot ze goudbruin zijn.
i) Serveer warm met boter en extra passievruchtpulp.

## 71.Munt scones

**INGREDIËNTEN:**
- 2 kopjes All-purpose Flour
- ¼ kopje suiker
- 1 eetlepel bakpoeder
- ¼ theelepel zout
- ½ kopje ongezouten boter, koud en in kleine stukjes gesneden
- ½ kopje gehakte verse muntblaadjes
- ⅔ kopje slagroom
- 1 groot ei
- 1 theelepel vanille-extract

**INSTRUCTIES:**
a) Verwarm de oven voor op 400 ° F en bekleed een bakplaat met bakpapier.
b) Meng in een grote kom de bloem, suiker, bakpoeder en zout.
c) Snijd de boter erdoor met een blender of met je vingers tot het mengsel op grove kruimels lijkt.
d) Roer de gehakte muntblaadjes erdoor.
e) Klop in een aparte kom de slagroom, het ei en het vanille-extract samen.
f) Voeg de natte ingrediënten toe aan de droge ingrediënten en roer tot het mengsel een deeg vormt.
g) Leg het deeg op een licht met bloem bestoven oppervlak en kneed het kort.
h) Dep het deeg in een cirkel van ongeveer 1 inch dik.
i) Snij de cirkel in 8 partjes.
j) Plaats de wiggen op de voorbereide bakplaat.
k) Bak gedurende 18-20 minuten, of tot de scones licht goudbruin en gaar zijn.
l) Laat de scones een paar minuten afkoelen voordat je ze serveert.
m) Genieten!

# 72. Amaretto-kersenscones

**INGREDIËNTEN:**
- 2 kopjes All-purpose Flour
- ½ kopje suiker
- 2 theelepels bakpoeder
- ½ theelepel zout
- ½ kopje ongezouten boter, gekoeld en in blokjes
- ½ kopje gedroogde kersen, gehakt
- ¼ kopje gesneden amandelen
- ¼ kopje amaretto
- ½ kopje zware room
- 1 ei, losgeklopt

**INSTRUCTIES:**
a) Verwarm de oven voor op 375 ° F.
b) Meng in een grote kom de bloem, suiker, bakpoeder en zout.
c) Snijd met een deegsnijder of je vingers de boter door de droge ingrediënten totdat het mengsel op grove kruimels lijkt.
d) Roer de gedroogde kersen en de gesneden amandelen erdoor.
e) Klop in een aparte kom de amaretto, slagroom en het ei samen.
f) Giet de natte ingrediënten over de droge ingrediënten en roer tot het mengsel net samenkomt.
g) Leg het deeg op een met bloem bestoven oppervlak en kneed het voorzichtig totdat het een samenhangende bal vormt.
h) Dep het deeg in een cirkel van ongeveer 1 inch dik.
i) Snij de cirkel in 8 partjes.
j) Leg de partjes op een bakplaat bekleed met bakpapier.
k) Bestrijk de bovenkant van de scones met een beetje extra room.
l) Bak gedurende 20-25 minuten, tot ze goudbruin en gaar zijn.
m) Serveer warm met een scheutje amarettoglazuur (gemaakt met poedersuiker en amaretto).

## 73.Toblerone-scones

**INGREDIËNTEN:**
- 3 kopjes + 2 eetlepels bloem
- ⅓ kopje suiker + meer om te bestrooien
- 1 eetl bakpoeder
- ½ flinke theelepel zuiveringszout
- ½ theelepel zout
- 13 eetlepels boter, koud
- 1 kopje karnemelk
- 3½ ons Toblerone-reep, gehakt
- ½ kopje gesneden amandelen
- 2 eetlepels boter, gesmolten

**INSTRUCTIES:**
a) Meng bloem, suiker, bakpoeder, zuiveringszout en zout in een grote kom.
b) Rasp de boter in een aparte kom met behulp van de grote gleuven van een kaasrasp.
c) Giet de geraspte boter bij de droge ingrediënten en meng tot het mengsel op grove kruimels lijkt.
d) Voeg de karnemelk toe en meng tot het net gemengd is.
e) Spatel de fijngehakte Toblerone en de amandelen er voorzichtig door.
f) Verdeel het beslag in tweeën. Neem elke helft en vorm er een kleine cirkel van, ongeveer 7 inch.
g) Snijd elke cirkel in 6 partjes met een pizzasnijder of een scherp mes.
h) Bestrijk elke wig met een beetje gesmolten boter en bestrooi met suiker.
i) Plaats in de oven, verwarmd tot 425°C, gedurende ongeveer 13 minuten.

## 74.Yuzu-scones

**INGREDIËNTEN:**
**SCONEN**
- 1⅓ kopjes bloem voor alle doeleinden
- ¼ kopje biologische rietsuiker
- ¼ theelepel zout
- ½ eetlepel bakpoeder
- ¼ kopje koude boter
- 1 groot ei
- 1 theelepel yuzu-sap
- ¼ tot ½ kopje Franse vanille half en half

**GLAZUUR**
- ½ kopje poedersuiker
- 2½ eetlepel yuzu-sap
- ½ eetlepel Franse vanille half en half

**INSTRUCTIES:**
a) Meng de bloem, suiker, zout en bakpoeder door elkaar.
b) Voeg de koude boter toe aan de opgeklopte ingrediënten met een deegsnijder.
c) Klop in een andere kom het ei los. Klop het yuzu-sap en de helft en de helft erdoor.
d) Voeg de vloeistof langzaam toe aan de droge ingrediënten. Giet en roer de vloeistof erdoor totdat alle kruimelige stukjes zijn bevochtigd. Het doel is om één samenhangende bal deeg te hebben.
e) Plaats perkamentpapier op een bakplaat. Bestuif het deeg en het papier met bloem. Schuif het deeg op de voorbereide bakplaat. Verdeel het deeg in zes hoopjes.
f) Verf elke heuvel met een beetje half en half en/of yuzu. Bestrooi met rietsuiker.
g) Zet de pan 30 minuten in de vriezer. Bak de scones op 425 graden gedurende 22 tot 23 minuten. Laat het 5 tot 10 minuten afkoelen voordat u het besprenkelt met yuzu-glazuur.
h) Om het glazuur te maken: Klop de yuzu en de helft en de helft samen met de poedersuiker.

# 75.Pistache scones

**INGREDIËNTEN:**
- 1 ½ kopjes bloem
- ¼ kopjes suiker
- ¼ theelepel zout
- 1 ½ theelepel bakpoeder
- 1 theelepel citroenschil
- 4 eetlepels boter
- ⅓ kopje gehakte, gepelde pistachenoten
- 1 ei, lichtgeklopt
- 2 eetlepels melk

**INSTRUCTIES :**
a) Verwarm de oven voor op 425F.
b) Meng in een grote kom bloem, suiker, zout, bakpoeder en citroenschil. Snijd de boter erdoor tot het mengsel op grove kruimels lijkt. Meng pistachenoten erdoor.
c) Voeg het ei en de melk toe en meng tot het bevochtigd is.
d) Rol het uit tot een rechthoek van ongeveer een halve centimeter dik. Snijd in driehoeken.
e) Plaats op een niet-ingevette bakplaat. Bak gedurende 12-15 minuten, tot ze goudbruin zijn.
f) Haal de scones uit de oven en laat ze 1-2 minuten afkoelen op een rooster voordat je ze eet.

## 76. Havermout kaneel scones

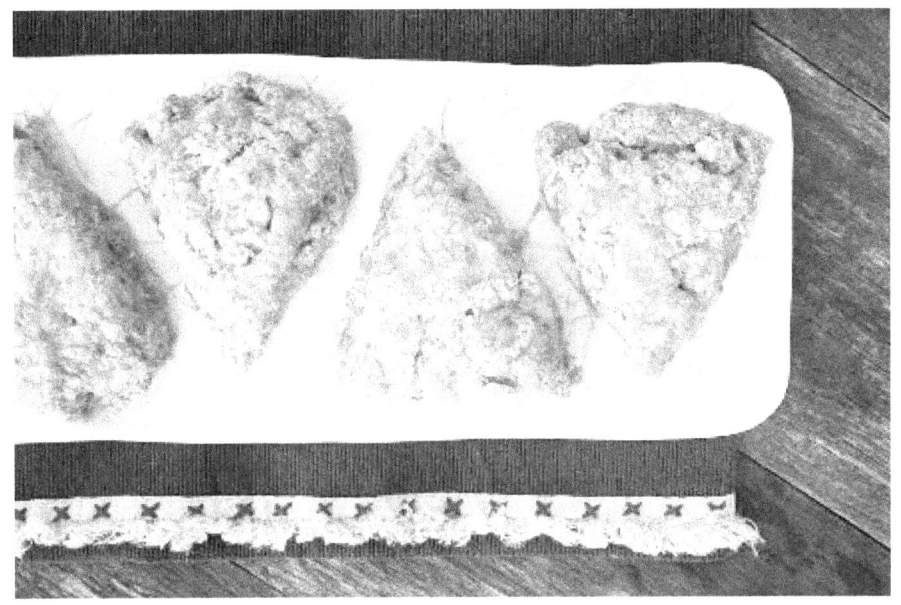

**INGREDIËNTEN:**
- ¼ kopje havermout
- 1 theelepel zout
- 1¾ kopje bloem
- 6 eetlepels boter, in blokjes van ½ inch gesneden
- ¼ kopje suiker
- 1 theelepel kaneel
- ½ kopje karnemelk OF:
- ½ kopje room OF:
- ½ kopje melk
- ¼ kopje bruine suiker, verpakt
- 1 groot ei, geslagen
- 1½ theelepel bakpoeder
- 2 theelepels Vanille-extract
- 1 theelepel zuiveringszout
- ⅛ theelepel Geraspte sinaasappelschil

**INSTRUCTIES:**
a) Plaats het rek in het midden van de oven en verwarm voor op 375 graden.
b) Zeef de bloem, suikers, bakpoeder, zuiveringszout en zout in een grote kom. Havermout toevoegen en mixen. Verdeel de boterblokjes over het bloemmengsel. Wrijf met je vingertoppen de boterkoekjes snel door het bloemmengsel, tot het mengsel op een grove maaltijd lijkt.
c) Roer in een middelgrote kom de karnemelk, het ei, de vanille en de schil door elkaar.
d) Voeg het vloeibare mengsel toe aan het bloemmengsel. Roer met een grote rubberen spatel, met zo weinig mogelijk bewegingen, voorzichtig totdat het deeg vochtig is en aan elkaar begint te plakken. Hanteer het deeg zo weinig mogelijk en roer totdat alle ingrediënten volledig zijn gecombineerd.
e) Met behulp van een ⅓-c. maatbeker, laat het deeg op een niet-ingevette bakplaat vallen en laat minimaal 2,5 cm ruimte tussen de scones.

f) Bak gedurende 16 tot 18 minuten, tot de scones goudbruin zijn. Laat de scones 5 minuten afkoelen op de bakplaat op een rooster. Breng de scones met een mentale spatel over naar het rooster en laat ze volledig afkoelen.
g) Serveer warm of bewaar volledig afgekoelde scones in een luchtdichte verpakking op kamertemperatuur.

# 77. Margarita Scones

**INGREDIËNTEN:**
- 2 kopjes bloem
- ½ kopje suiker
- 3 theelepels bakpoeder
- 1 theelepel grof zout
- ½ kopje ijskoude boter, in kleine stukjes gesneden
- 4 druppels limoenolie
- 2 druppels citroenolie
- ¼ kopje margaritamix
- ¼ kopje zware room
- 2 eieren

**INSTRUCTIES:**
a) Meng bloem, suiker, bakpoeder en zout in een middelgrote kom.
b) Snijd de koude boter er met een deegsnijder door tot het op grove kruimels lijkt.
c) Meng de Margarita-mix en slagroom met limoen- en sinaasappelolie en de eieren.
d) Meng de natte ingrediënten met de droge ingrediënten tot het net gemengd is.
e) Rol het deeg uit op een licht met bloem bestoven oppervlak.
f) Snijd het deeg in de gewenste vorm
g) Plaats de scones op een met bakpapier beklede bakplaat
h) Bak gedurende 10 minuten op 400 graden.

## 78. Kokosmeel scones met suikerglazuur

## INGREDIËNTEN:
### BESLAG:
- ¾ kopje kokosmeel
- 6 eetlepels tapiocazetmeel
- ½ kopje suiker, kokossuiker, ahornsuiker of erythritol
- 4 theelepels bakpoeder
- ½ theelepel zeezout
- ½ kopje boter, koud
- 3 grote eieren
- ½ kopje kokosmelk of slagroom
- 1 theelepel vanille-extract
- 1 kop verse bosbessen
- 1 eetlepel boter of kokosolie voor het glazuurbeslag
- 2 eetlepels suiker of erythritol om erover te strooien

### IJZER:
- ½ kopje poedersuiker
- 1 eetlepel vers citroensap of in de winkel gekocht

## INSTRUCTIES:
a) Meng in een grote kom de droge ingrediënten, kokosmeel, tapiocazetmeel, suiker, bakpoeder en zout.

b) Neem de koude boter en snijd deze in kleine blokjes. Voeg de boter toe aan de droge ingrediënten en verkruimel de boter met een vork of een blender. Doe dit totdat de bloem en de boter op kleine kruimels lijken. Het duurt minimaal 5 minuten.

c) Plaats vervolgens deze kom met verkruimelde boter en bloem in de vriezer, zodat deze niet smelt terwijl je aan de volgende stappen werkt.

d) Voeg in een middelgrote kom de eieren toe en klop om te mengen.

e) Voeg kokosmelk en vanille toe aan de eieren en klop om te mengen.

f) Giet de natte ingrediënten over de verkruimelde boter en roer met een spatel tot alles gemengd is. Het beslag moet dik genoeg zijn om zijn vorm te behouden. Geef het kokosmeel minimaal één minuut de tijd om al het vocht op te nemen. Als het beslag niet dik

genoeg is, voeg dan telkens 1 eetlepel kokosmeel toe aan het beslag tot het de gewenste dikte heeft.
g) Voeg de bosbessen toe aan het beslag en roer om te combineren.
h) Bekleed een grote bakplaat met bakpapier en plaats het beslag op het bakpapier.
i) Gebruik je handen of een spatel om het beslag in de vorm van een cirkel te vormen die 20 cm breed en ongeveer 2,5 cm dik is.
j) Zet de bakplaat met het beslag in de vriezer om op te stijven. Bevries gedurende 30 minuten.
k) Verwarm de oven voor op 400 ° F.
l) Haal het uit de vriezer en snijd het in 8 partjes.
m) Scheid de partjes zodat ze als afzonderlijke plakjes bakken.
n) Smelt 1 eetlepel boter in een magnetronbestendige kom in de magnetron.
o) Bestrijk of schep de boter over elke wig. Bestrooi met suiker.
p) Bak gedurende 25 minuten of tot de randen goudbruin zijn en de bovenkant stevig is.
q) Laat de scones afkoelen op een koelrek.
r) Om het glazuur te maken, doe je de poedersuiker in een kleine kom. Voeg citroensap toe en roer tot het glazuur geheel gemengd is. Als je wilt dat het glazuur dunner is, voeg dan meer citroensap toe.
s) Druppel het citroensap over de afgekoelde scones en serveer.

# 79. Gember- en bessenscones

**INGREDIËNTEN:**
- 1 ei, losgeklopt
- 3 eetlepels bruine suiker, verpakt
- 1 theelepel rum of extract met rumsmaak
- 1 theelepel bakpoeder
- 2 Eetlepels melk
- 1 kopje bloem voor alle doeleinden
- ¼ kopje boter, verzacht
- ¾ kopjes krenten
- 2 Eetlepels gekonfijte gember, fijngehakt

**INSTRUCTIES:**
d) Meng alle ingrediënten in een grote kom tot ze goed gemengd zijn. Verdeel het deeg in 8 tot 10 ballen; afvlakken.
e) Schik de scones op niet-ingevette bakplaten.
f) Bak op 350 graden gedurende 15 minuten, of tot ze goudbruin zijn.

# MINIATUUR TAARTJES

## 80. Kersenkoffiecake

**INGREDIËNTEN:**
- 1¾ kopjes koekjesbakmix, verdeeld
- 1 ei, losgeklopt
- ½ kopje suiker
- ¼ kopje melk
- ½ theelepel vanille-extract
- ⅛ theelepel zout
- 21-ounce blikje kersentaartvulling, gedeeltelijk uitgelekt
- ½ kopje bruine suiker, verpakt
- ⅓ kopjes gehakte walnoten
- ½ theelepel kaneel
- 3 eetlepels boter, in blokjes gesneden

**INSTRUCTIES:**
a) Combineer 1½ kopjes bakmix, ei, suiker, melk, vanille en zout. Roer tot een gladde massa. Druk het mengsel in een licht ingevette bakvorm van 20 x 20 cm.
b) Schep de taartvulling over het mengsel in de pan.
c) Meng de resterende bakmix, bruine suiker, noten, kaneel en boter met een blender of vork tot het kruimelig is.
d) Strooi de taartvulling erover.
e) Bak op 375 graden gedurende 30 minuten. Snijd in vierkanten.

## 81. Mini-Victoriaanse biscuitgebak

**INGREDIËNTEN:**
**VOOR DE SPONS:**
- 2 eieren
- 100 g boter, zacht
- 100 g kristalsuiker
- 100 g zelfrijzend bakmeel
- ½ theelepel bakpoeder
- ½ theelepel vanille-extract

**VOOR DE VULLING:**
- Aardbeien- of frambozenjam
- Slagroom

**INSTRUCTIES:**
a) Verwarm uw oven voor op 180°C. Vet een mini-cupcake- of cakevorm in en bekleed deze.
b) Klop in een mengkom de boter en de suiker romig. Voeg de eieren één voor één toe en meng goed na elke toevoeging. Roer het vanille-extract erdoor.
c) Zeef de zelfrijzende bloem en het bakpoeder erdoor en roer dit door het mengsel.
d) Schep het beslag in het mini-cakeblikje.
e) Bak ongeveer 12-15 minuten of tot de cakes goudbruin zijn en veerkrachtig aanvoelen.
f) Eenmaal afgekoeld snijd je elke minicake horizontaal doormidden. Bestrijk de ene helft met jam en slagroom en leg de andere helft erop.
g) Bestrooi met poedersuiker en serveer.

## 82. Mini-citroencake

**INGREDIËNTEN:**
- 2 eieren
- 100 g boter, zacht
- 100 g kristalsuiker
- 100 g zelfrijzend bakmeel
- Schil van 1 citroen
- Sap van 1 citroen
- 50 g kristalsuiker

**INSTRUCTIES:**
a) Verwarm uw oven voor op 180°C. Vet een mini-cupcake- of cakevorm in en bekleed deze.
b) Klop in een mengkom de boter en de basterdsuiker tot een romig mengsel. Voeg de eieren één voor één toe en meng goed na elke toevoeging.
c) Zeef de zelfrijzende bloem erdoor en voeg de citroenschil toe. Meng tot alles goed gemengd is.
d) Schep het beslag in de mini-cakevorm en bak ongeveer 12-15 minuten of tot de cakes goudbruin zijn.
e) Terwijl de cakes bakken, meng je het citroensap en de kristalsuiker om de motregen te maken.
f) Zodra de cakes uit de oven komen, prik je er met een vork of tandenstoker in en sprenkel het citroen-suikermengsel erover.
g) Laat de taarten afkoelen voordat je ze serveert.

## 83. Mini-chocolade-éclairs

**INGREDIËNTEN:**
**VOOR HET SHOUXGEBAK:**
- 150 ml water
- 60 g boter
- 75 g gewone bloem
- 2 grote eieren

**VOOR DE VULLING:**
- 200 ml slagroom
- Chocoladeganache (gemaakt van gesmolten chocolade en room)

**INSTRUCTIES:**
a) Verwarm uw oven voor op 200°C. Bekleed een bakplaat met bakpapier.
b) Verwarm het water en de boter in een pan tot de boter is gesmolten. Haal van het vuur en voeg de bloem toe. Roer krachtig totdat het een bal deeg vormt.
c) Laat het deeg iets afkoelen en klop er dan een voor een de eieren door tot het mengsel glad en glanzend is.
d) Schep of spuit het soezendeeg in kleine eclairvormpjes op de bakplaat.
e) Bak ongeveer 15-20 minuten of tot ze opgezwollen en goudbruin zijn.
f) Eenmaal afgekoeld snijd je elke éclair horizontaal doormidden. Vul met slagroom en besprenkel met chocoladeganache.

## 84.Mini koffie-walnotencake

**INGREDIËNTEN:**
**VOOR DE TAART:**
- 2 eieren
- 100 g boter, zacht
- 100 g kristalsuiker
- 100 g zelfrijzend bakmeel
- 1 eetlepel oploskoffie opgelost in 1 eetlepel heet water
- 50 g gehakte walnoten

**VOOR HET glazuur:**
- 100 g zachte boter
- 200 g poedersuiker
- 1 eetlepel oploskoffie opgelost in 1 eetlepel heet water

**INSTRUCTIES:**
a) Verwarm uw oven voor op 180°C. Vet een mini-cupcake- of cakevorm in en bekleed deze.
b) Klop in een mengkom de boter en de basterdsuiker tot een romig mengsel. Voeg de eieren één voor één toe en meng goed na elke toevoeging.
c) Zeef het zelfrijzend bakmeel erdoor en voeg de opgeloste koffie toe. Meng tot alles goed gemengd is.
d) Roer de gehakte walnoten erdoor.
e) Schep het beslag in de mini-cakevorm en bak ongeveer 12-15 minuten of tot de cakes goudbruin zijn.
f) Eenmaal afgekoeld, maak je het koffieglazuur door de zachte boter, de poedersuiker en de opgeloste koffie door elkaar te kloppen.
g) IJs de minicakes en garneer indien gewenst met extra gehakte walnoten.

## 85. Mini- afternoon tea-cakes

## INGREDIËNTEN:
### VOOR DE THEECAKES:
- 3 eetlepels ongezoet cacaopoeder
- 1 theelepel zuiveringszout
- 1 kopje bloem voor alle doeleinden
- ½ kopje heet water
- 1 theelepel vanille-extract
- 3 eetlepels ongezouten boter, gesmolten
- ⅓ kopje geraspte kokosnoot
- 1 groot ei
- ½ kopje zure room

### VOOR HET GLAZUUR:
- 1 eetlepel ongezouten boter
- 1 kopje gezeefde banketbakkerssuiker
- 2 eetlepels water
- ¼ theelepel gemalen kaneel
- ½ ounce ongezoete chocolade
- 1 theelepel vanille-extract

## INSTRUCTIES:
### VOOR DE THEECAKES:
a) Verwarm uw oven voor op 375 graden F (190 graden C). Bekleed twaalf 2½-inch muffinbekers met papieren voeringen.
b) Doe het cacaopoeder in een kleine kom en roer er ½ kopje zeer heet kraanwater door om de cacao op te lossen.
c) Meng de gesmolten boter en suiker in een grote kom. Klop met een elektrische mixer tot het goed gemengd is.
d) Voeg het ei toe en klop tot het mengsel licht en romig wordt, wat ongeveer 1 tot 2 minuten duurt.
e) Giet het opgeloste cacaomengsel erbij en klop tot het beslag glad is.
f) Roer in een aparte kleine kom de zure room en het zuiveringszout door elkaar. Meng dit door het boter-suiker-cacaomengsel.
g) Voeg de bloem en het vanille-extract voor alle doeleinden toe en klop snel tot de ingrediënten gelijkmatig gemengd zijn. Roer de geraspte kokosnoot erdoor.

h) Schep het beslag in de muffinvormpjes, verdeel het gelijkmatig over de muffinvormpjes en vul ze tot ongeveer driekwart vol.
i) Bak ongeveer 20 minuten of totdat de bovenkant van de theecakes terugveert als je er licht op drukt en een tandenstoker die je in het midden steekt er schoon uitkomt.
j) Haal de theekoekjes uit de muffinbekers en laat ze iets afkoelen op een rooster terwijl je het glazuur maakt.

**VOOR DE CHOCOLADEGLAZING:**

k) Meng de boter in een kleine pan met 2 eetlepels water. Zet het op laag vuur, voeg de ongezoete chocolade toe en roer tot de chocolade smelt en het mengsel iets dikker wordt. Haal het van het vuur.
l) Meng in een kleine kom de gezeefde banketbakkerssuiker en gemalen kaneel. Roer het gesmolten chocolademengsel en het vanille-extract erdoor tot een glad glazuur ontstaat.
m) Verdeel ongeveer 2 theelepels chocoladeglazuur over elke warme theecake en laat ze goed afkoelen.
n) Deze Afternoon Tea Cakes met hun naar kaneel geurende chocoladeglazuur zorgen voor een heerlijke traktatie om van te genieten bij de thee.

## 86.Mini Worteltaart Hapjes

## INGREDIËNTEN:
### VOOR DE TAART:
- 2 eieren
- 100 g plantaardige olie
- 125 g bruine suiker
- 150 g geraspte wortels
- 100 g zelfrijzend bakmeel
- ½ theelepel gemalen kaneel
- ½ theelepel gemalen nootmuskaat
- ½ theelepel vanille-extract
- Een handvol rozijnen (optioneel)

### VOOR HET ROOMKAAS glazuur:
- 100 g roomkaas
- 50 g zachte boter
- 200 g poedersuiker
- ½ theelepel vanille-extract

## INSTRUCTIES:
a) Verwarm uw oven voor op 180°C. Vet een mini-cupcake- of cakevorm in en bekleed deze.
b) Klop in een mengkom de eieren, plantaardige olie en bruine suiker tot ze goed gemengd zijn.
c) Roer de geraspte wortels, zelfrijzend bakmeel, gemalen kaneel, gemalen nootmuskaat, vanille-extract en rozijnen erdoor (indien gebruikt).
d) Schep het beslag in het mini-cakeblikje en bak ongeveer 12-15 minuten, of tot de cakes stevig aanvoelen en een tandenstoker er schoon uitkomt als je hem erin steekt.
e) Eenmaal afgekoeld, maak je de roomkaasglazuur door de roomkaas, zachte boter, poedersuiker en vanille-extract door elkaar te kloppen.
f) IJs de mini-worteltaartjes met de roomkaasglazuur.

## 87. Mini Red Velvet-cakejes

## INGREDIËNTEN:
### VOOR DE TAART
- 2 eieren
- 100 g boter, zacht
- 150 g kristalsuiker
- 150 g bloem voor alle doeleinden
- 1 eetlepel ongezoet cacaopoeder
- ½ theelepel zuiveringszout
- ½ theelepel witte azijn
- ½ theelepel vanille-extract
- Een paar druppels rode kleurstof
- 125 ml karnemelk

### VOOR HET ROOMKAAS glazuur:
- 100 g roomkaas
- 50 g zachte boter
- 200 g poedersuiker
- ½ theelepel vanille-extract

### INSTRUCTIES:
a) Verwarm uw oven voor op 180°C. Vet een mini-cupcake- of cakevorm in en bekleed deze.
b) Klop in een mengkom de boter en de kristalsuiker romig. Voeg de eieren één voor één toe en meng goed na elke toevoeging.
c) Meng in een aparte kom de bloem en het cacaopoeder.
d) Meng in een andere kleine kom de karnemelk, het vanille-extract en de rode kleurstof.
e) Voeg geleidelijk de droge ingrediënten en het karnemelkmengsel toe aan het boter-suikermengsel, afwisselend tussen de twee, beginnend en eindigend met de droge ingrediënten.
f) Meng het zuiveringszout en de witte azijn in een kleine kom tot het bruist en roer het dan snel door het cakebeslag.
g) Schep het beslag in de mini-cakevorm en bak ongeveer 12-15 minuten of tot de cakes veerkrachtig aanvoelen.
h) Eenmaal afgekoeld, maak je de roomkaasglazuur door de roomkaas, zachte boter, poedersuiker en vanille-extract door elkaar te kloppen.
i) IJs de mini Red Velvet-cakejes met de roomkaasglazuur.

# CROISSANTEN

## 88. Brood- en botercroissants met Toblerone

## INGREDIËNTEN:
- 1 kopje gietroom
- 2 eetlepels kristalsuiker
- 1 theelepel vanille-extract
- 100 g Toblerone-melkchocolade, in stukjes gebroken
- 6 Coles Bakery Minicroissants
- 2 eieren
- 16 bevroren frambozen
- Poedersuiker, om te bestuiven, optioneel

## INSTRUCTIES:
a) Verwarm de oven voor op 180C/160C, hetelucht. Vet vier ovenschalen van 250 ml in.
b) Klop de room, basterdsuiker, vanille en eieren in een grote kan.
c) Snijd elke croissant horizontaal doormidden en vervolgens dwars doormidden.
d) Plaats de croissants in de bereide gerechten.
e) Giet het eimengsel erover en laat het 10 minuten staan om te laten weken.
f) Leg de chocolade en frambozen op en tussen de plakjes croissant.
g) Bak gedurende 25 minuten of tot ze goudbruin en stevig zijn. Bestrooi eventueel met poedersuiker.

## 89.Toblerone-croissants

**INGREDIËNTEN:**
- 4 croissantjes
- 125 g Philadelphia smeerbare roomkaas
- 100 g Toblerone-melkchocolade, grof gehakt

**INSTRUCTIES:**
- Snijd de croissants horizontaal door met een scherp mes. Bestrijk de onderste helft van de croissants met Philly.
- Bestrooi met Toblerone. Sluit het deksel. Wikkel de croissant in folie.
- Bak op 150°C gedurende 10 minuten of tot het gaar is.

## 90.Nutella en bananencroissants

**INGREDIËNTEN:**
- 1 vel bladerdeeg, ontdooid
- ¼ kopje Nutella
- 1 banaan, in dunne plakjes gesneden
- 1 ei, losgeklopt
- Poedersuiker, om te bestuiven

**INSTRUCTIES:**
a) Verwarm uw oven voor op 200°C.
b) Rol het bladerdeegblad op een licht met bloem bestoven oppervlak uit tot een vierkant van 12 inch.
c) Snijd het vierkant in 4 kleinere vierkanten.
d) Verdeel een eetlepel Nutella op elk vierkantje en laat een kleine rand rond de randen vrij.
e) Leg een paar plakjes banaan op de Nutella.
f) Rol elk vierkant van de ene hoek naar de andere hoek op en vorm een croissantvorm.
g) Leg de croissants op een bakplaat bekleed met bakpapier.
h) Bestrijk de croissants met het losgeklopte ei.
i) Bak gedurende 15-20 minuten, tot de croissants goudbruin zijn en opgezwollen.
j) Bestrooi voor het serveren met poedersuiker.

## 91. S'mores Croissants

**INGREDIËNTEN:**
- 1 vel bladerdeeg, ontdooid
- ¼ kopje Nutella
- ¼ kopje mini-marshmallows
- ¼ kopje graham crackerkruimels
- 1 ei, losgeklopt
- Poedersuiker, om te bestuiven

**INSTRUCTIES:**
a) Verwarm de oven voor op de temperatuur aangegeven op de bladerdeegverpakking. Meestal is het ongeveer 375 ° F (190 ° C).
b) Op een licht met bloem bestoven oppervlak vouwt u het ontdooide bladerdeegvel open en rolt u het een beetje uit, zodat de dikte gelijk is.
c) Snijd het bladerdeeg met een mes of pizzasnijder in driehoeken. Je zou ongeveer 6-8 driehoeken moeten krijgen, afhankelijk van de maat die je verkiest.
d) Verdeel een dunne laag Nutella op elke bladerdeegdriehoek en laat een kleine rand rond de randen vrij.
e) Strooi graham crackerkruimels over de Nutella-laag op elke driehoek.
f) Plaats een paar mini-marshmallows op de crackerkruimels van Graham en verdeel ze gelijkmatig over de driehoek.
g) Begin vanaf het bredere uiteinde van elke driehoek en rol het deeg voorzichtig op naar het puntige uiteinde, zodat het een croissantvorm krijgt. Zorg ervoor dat u de randen goed afsluit om te voorkomen dat de vulling eruit lekt.
h) Leg de voorbereide croissants op een met bakpapier beklede bakplaat, laat er wat ruimte tussen zodat ze tijdens het bakken kunnen uitzetten.
i) Bestrijk de bovenkant van elke croissant met het losgeklopte ei, waardoor ze tijdens het bakken een mooie gouden kleur krijgen.
j) Bak de S'mores Croissants in de voorverwarmde oven gedurende ongeveer 15-18 minuten of tot ze goudbruin zijn en opgeblazen zijn.

k) Eenmaal gebakken, haal je de croissants uit de oven en laat ze iets afkoelen op een rooster.
l) Bestrooi de S'mores Croissants voor het serveren met poedersuiker, voor een vleugje zoetheid en een aantrekkelijke finishing touch.
m) Geniet van je heerlijke zelfgemaakte S'mores Croissants als een heerlijke traktatie voor ontbijt, dessert of wanneer je maar zin hebt in een heerlijke combinatie van Nutella, marshmallows en graham crackers.

## 92. Ontbijtcroissantsandwiches

**INGREDIËNTEN:**
- 1 eetlepel olijfolie
- 4 grote eieren, lichtgeklopt
- Kosjer zout en versgemalen zwarte peper, naar smaak
- 8 minicroissants, horizontaal gehalveerd
- 4 ons dun gesneden ham
- 4 plakjes cheddarkaas, gehalveerd

**INSTRUCTIES:**

a) Verhit de olijfolie in een grote koekenpan op middelhoog vuur. Voeg de eieren toe en kook, al roerend zachtjes met een siliconen of hittebestendige spatel, tot ze net beginnen te stollen; breng op smaak met zout en peper. Ga door met koken tot het ingedikt is en er geen zichtbaar vloeibaar ei meer overblijft, 3 tot 5 minuten.

b) Vul de croissants met eieren, ham en kaas om 8 sandwiches te maken. Wikkel het stevig in plasticfolie en vries het maximaal 1 maand in.

c) Om op te warmen, verwijdert u de plasticfolie van een bevroren sandwich en wikkelt u deze in keukenpapier. Magnetron, halverwege omdraaien, gedurende 1 tot 2 minuten, tot het volledig is opgewarmd.

## 93. Klassieke spek-, ei- en kaascroissant

**INGREDIËNTEN:**
- 2 grote croissants
- 4 plakjes spek
- 2 grote eieren
- 2 plakjes cheddarkaas
- 2 eetlepels ongezouten boter
- Zout en peper naar smaak

**INSTRUCTIES:**
a) Verwarm de oven voor op 350 ° F.
b) Kook het spek in een koekenpan op middelhoog vuur tot het knapperig is. Haal uit de pan en laat uitlekken op een met keukenpapier beklede plaat.
c) Breek de eieren in een kleine kom en klop ze met een vork tot ze roerei zijn.
d) Smelt 1 eetlepel boter in een koekenpan met antiaanbaklaag op middelhoog vuur. Voeg de eieren toe en kook, onder af en toe roeren, tot het roerei en gaar is. Breng op smaak met zout en peper.
e) Snijd de croissants in de lengte doormidden en leg ze op een bakplaat.
f) Voeg een plakje cheddarkaas toe aan de helft van elke croissant.
g) Beleg de kaas met 2 plakjes spek en een bolletje roerei.
h) Sluit de croissant met de andere helft en bestrijk de bovenkant met de resterende eetlepel boter.
i) Bak in de voorverwarmde oven gedurende 5-7 minuten, of tot de kaas gesmolten is en de croissants opgewarmd zijn.
j) Serveer warm en geniet van uw heerlijke spek-, ei- en kaascroissant!

## 94. Sinaasappel, amandelcroissant kleverige broodjes

**INGREDIËNTEN:**
**VOOR DE Kleverige Broodjesvulling:**
- ½ kopje ongezouten boter, verzacht
- ½ kopje kristalsuiker
- ½ kopje lichtbruine suiker
- ¼ kopje honing
- ½ theelepel zout
- 1 theelepel vanille-extract
- ½ theelepel amandelextract
- ½ kopje gesneden amandelen
- 2 eetlepels sinaasappelschil

**VOOR HET CROISSANTDEEG:**
- 1 pond croissantdeeg
- Meel om te bestuiven

**INSTRUCTIES:**
a) Verwarm de oven voor op 375 ° F.
b) Klop in een middelgrote kom de zachte boter, kristalsuiker, lichtbruine suiker, honing, zout, vanille-extract en amandelextract tot een gladde massa.
c) Roer de gesneden amandelen en de sinaasappelschil erdoor.
d) Rol het croissantdeeg op een licht met bloem bestoven oppervlak uit tot een grote rechthoek van ongeveer ¼ inch dik.
e) Verdeel de plakkerige broodjesvulling gelijkmatig over het croissantdeeg.
f) Begin vanaf de lange zijde en rol het deeg strak op tot een blok.
g) Snijd het houtblok met een scherp mes in 12 gelijke stukken.
h) Plaats de stukken, met de snijzijde naar boven, in een ingevette vierkante ovenschaal van 9 inch.
i) Bak gedurende 25-30 minuten, of tot de broodjes goudbruin zijn en de vulling bubbelt.
j) Haal uit de oven en laat 5-10 minuten afkoelen.
k) Keer de plakkerige broodjes om op een grote serveerschaal.
l) Serveer warm en geniet van je heerlijke Oranje Amandel Croissant Sticky Buns!

# 95. Pistache Croissants

**INGREDIËNTEN:**
- Basis croissantdeeg
- 1 kopje pistachenoten, gehakt
- ¼ kopje kristalsuiker
- ¼ kopje ongezouten boter, verzacht
- 1 ei losgeklopt met 1 eetlepel water

**INSTRUCTIES:**
a) Rol het croissantdeeg uit tot een grote rechthoek.
b) Snijd het deeg in driehoeken.
c) Meng in een mengkom gehakte pistachenoten, suiker en zachte boter.
d) Verdeel het pistachemengsel over de onderste helft van elke croissant.
e) Plaats de bovenste helft van de croissant terug en druk zachtjes aan.
f) Leg de croissants op een met bakpapier beklede bakplaat, bestrijk ze met ei en laat ze 1 uur rijzen.
g) Verwarm de oven voor op 200 °C en bak de croissants in 20-25 minuten goudbruin.

## 96. Hazelnoot-chocoladecroissants

**INGREDIËNTEN:**
- Basis croissantdeeg
- ½ kopje hazelnoten, gehakt
- ½ kopje chocoladestukjes
- ¼ kopje kristalsuiker
- ¼ kopje ongezouten boter, verzacht
- 1 ei losgeklopt met 1 eetlepel water

**INSTRUCTIES:**
a) Rol het croissantdeeg uit tot een grote rechthoek.
b) Snijd het deeg in driehoeken.
c) Meng in een mengkom gehakte hazelnoten, chocoladestukjes, suiker en zachte boter.
d) Verdeel het hazelnoot-chocolademengsel over de onderste helft van elke croissant.
e) Plaats de bovenste helft van de croissant terug en druk zachtjes aan.
f) Leg de croissants op een met bakpapier beklede bakplaat, bestrijk ze met ei en laat ze 1 uur rijzen.
g) Verwarm de oven voor op 200 °C en bak de croissants in 20-25 minuten goudbruin.

## 97.Frambozencroissants

**INGREDIËNTEN:**
- Basis croissantdeeg
- 1 kopje verse frambozen
- ¼ kopje kristalsuiker
- 1 ei losgeklopt met 1 eetlepel water

**INSTRUCTIES:**
a) Rol het croissantdeeg uit tot een grote rechthoek.
b) Snijd het deeg in driehoeken.
c) Leg op elke croissant verse frambozen.
d) Strooi kristalsuiker over de frambozen.
e) Rol elke driehoek op, beginnend bij het brede uiteinde, en vorm er een halve maan van.
f) Leg de croissants op een met bakpapier beklede bakplaat en laat ze 1 uur rijzen.
g) Verwarm de oven voor op 200 °C en bak de croissants in 20-25 minuten goudbruin.

# 98.Perzikcroissants

**INGREDIËNTEN:**
- Basis croissantdeeg
- 2 rijpe perziken, geschild en in blokjes gesneden
- ¼ kopje kristalsuiker
- ½ theelepel gemalen kaneel
- 1 ei losgeklopt met 1 eetlepel water

**INSTRUCTIES:**
a) Rol het croissantdeeg uit tot een grote rechthoek.
b) Meng de in blokjes gesneden perziken, suiker en kaneel in een kleine kom.
c) Verdeel het perzikmengsel gelijkmatig over het oppervlak van het deeg.
d) Snijd het deeg in driehoeken.
e) Rol elke driehoek op tot een croissantvorm.
f) Leg de croissants op een met bakpapier beklede bakplaat, bestrijk ze met ei en laat ze 1 uur rijzen.
g) Verwarm de oven voor op 200 °C en bak de croissants in 20-25 minuten goudbruin.

# 99. Met chocolade bedekte aardbeiencroissants

**INGREDIËNTEN:**
- 6 croissantjes
- ½ kopje aardbeienjam
- ½ kopje halfzoete chocoladestukjes
- 1 eetlepel ongezouten boter
- ¼ kopje zware room
- Verse aardbeien, in plakjes gesneden (optioneel)

**INSTRUCTIES:**
a) Verwarm de oven voor op 375 ° F.
b) Snijd elke croissant in de lengte doormidden.
c) Verdeel 1-2 eetlepels aardbeienjam op de onderste helft van elke croissant.
d) Plaats de bovenste helft van elke croissant terug en plaats deze op een bakplaat.
e) Bak gedurende 10-12 minuten, of tot de croissants licht goudbruin zijn.
f) Smelt de chocoladestukjes, de boter en de slagroom in een kleine pan op laag vuur, onder voortdurend roeren, tot een gladde massa.
g) Haal de croissants uit de oven en laat ze een paar minuten afkoelen.
h) Doop de bovenkant van elke croissant in het chocolademengsel en laat het overtollige mengsel eraf druipen.
i) Plaats de met chocolade bedekte croissants op een rooster om af te koelen en op te stijven.
j) Optioneel: Beleg met verse aardbeienschijfjes voor het serveren.

# 100. Peperkoekcroissants

**INGREDIËNTEN:**
- Basis croissantdeeg
- 2 theelepels gemalen gember
- 1 theelepel gemalen kaneel
- ¼ theelepel gemalen kruidnagel
- ¼ theelepel gemalen nootmuskaat
- ½ kopje ongezouten boter, gesmolten
- ¼ kopje melasse
- 1 ei losgeklopt met 1 eetlepel water

**INSTRUCTIES:**
a) Rol het croissantdeeg uit tot een grote rechthoek.
b) Meng in een kleine kom de gemalen gember, gemalen kaneel, gemalen kruidnagel, gemalen nootmuskaat, gesmolten boter en melasse.
c) Bestrijk het oppervlak van het deeg met het peperkoekmengsel.
d) Snijd het deeg in driehoeken.
e) Rol elke driehoek op tot een croissantvorm.
f) Leg de croissants op een met bakpapier beklede bakplaat, bestrijk ze met ei en laat ze 1 uur rijzen.
g) Verwarm de oven voor op 200 °C en bak de croissants in 20-25 minuten goudbruin.

# CONCLUSIE

Nu we aan het einde van 'Het ultieme ochtendtraktatiekookboek' zijn gekomen, hopen we dat je het leuk vond om de grote verscheidenheid aan recepten te ontdekken en nieuwe favorieten te ontdekken die je aan je ochtendroutine kunt toevoegen. Of je nu de voorkeur geeft aan zoete of hartige lekkernijen, er is voor ieder wat wils op deze pagina's.

We moedigen je aan om te experimenteren met verschillende smaken, ingrediënten en technieken om deze recepten je eigen te maken. Koken gaat immers net zo goed over creativiteit en ontdekken als over het volgen van instructies. Wees dus niet bang om uw eigen draai aan deze recepten te geven en ze aan te passen aan uw smaakvoorkeuren.

Terwijl u uw culinaire reis voortzet, hopen we dat u de momenten die u in de keuken doorbrengt, de aroma's die uw huis vullen en de vreugde van het delen van heerlijk eten met de mensen van wie u houdt, zult koesteren. Vergeet niet dat de ochtend een tijd is voor vernieuwing en voeding, en dat er geen betere manier is om uw dag te beginnen dan met een zelfgemaakte traktatie, met liefde gemaakt.

Bedankt dat je met ons mee bent gegaan op dit heerlijke avontuur. Mogen uw ochtenden gevuld zijn met warmte, gelach en natuurlijk veel verrukkelijke lekkernijen. Veel bakplezier!

www.ingramcontent.com/pod-product-compliance
Lightning Source LLC
Chambersburg PA
CBHW070348120526
44590CB00014B/1057